Hans-Dietrich Mittorp

Es gehen viele Freunde
in ein kleines Haus

D1727539

Für meine Enkelkinder
Isabel und Sandra

Hans-Dietrich Mittorp

Es gehen viele Freunde in ein kleines Haus

Ökumenische Wegspuren

BONIFATIUS
Druck · Buch · Verlag
PADERBORN

Umschlag: Chiesa Evangelica Luterana, Florenz

ISBN 3-89710-013-4

© 1997 by Bonifatius GmbH Druck · Buch · Verlag Paderborn

Gesamtherstellung:
Bonifatius GmbH Druck · Buch · Verlag Paderborn

Inhalts-
verzeichnis

Wer den ersten Teil der Lebenserinnerungen von Hans-Dietrich Mittorp gelesen hat, wird sicherlich einen zweiten Teil erwartet haben. An die „Violetten Erinnerungsfäden aus 50 Jahren" knüpft nun dieser Band des evangelischen Geistlichen an, der siebzehn Jahre lang - von 1937 bis 1954 - Pfarrer an der Abdinghofkirche von Paderborn war. Wenn man ein Leitwort für diese Lebenserinnerungen suchen sollte, wäre das Wort „Dankbarkeit" mit Sicherheit das treffendste. Alle Er-

Zum Geleit

eignisse, Forschungen, Begegnungen und Episoden, die Pfarrer i.R. Hans-Dietrich Mittorp beschreibt, lassen eine tiefe Dankbarkeit verspüren: Dankbarkeit den Menschen gegenüber, die in dem „kleinen Haus", wo immer es auch stand, lebten oder ein- oder ausgegangen sind. Dankbarkeit aber auch Gott gegenüber. Daher kann der rege Ruheständler mit voller Überzeugung bekennen, daß er diesen Weg noch einmal gehen würde, und, was, eigentlich sehr schön ist: "Praised be the Lord!" (in Anspielung auf Dubliner Zeiten) - das sei die Handschrift Gottes, die sich wie ein roter Faden durch sein Leben ziehe.

Das Buch hat - wie auch schon der Vorgängerband - einen starken ökumenischen Akzent. Dieser rührt nicht zuletzt daher, daß Pfarrer Mittorp fast immer seinen Dienst in Gegenden getan hat, die für ihn Diasporasituation bedeuteten. Dazu gehören die Jahre in Paderborn und Dublin, schließlich auch - und damit setzt dieser Band ein - seine Tätigkeit als Seelsorger der Deutschen evangelischen Gemeinde in Florenz von 1967 bis zu seiner Pensionierung im Jahre 1974. Die vielen ökumenischen Kontakte, vor allem auch zur katholischen Kirche, sind stets von guten persönlichen Freundschaften und gegenseitiger Achtung geprägt gewesen. Als Beweggrund für diese Verbundenheit nennt Pfarrer Mittorp die gemeinsame Sorge um die Menschen in ihren Angelegenheiten bei Gott, dazu kommen ein lebhaftes theologisches und ein waches geschichtliches Interesse, das sich in einigen historischen Veröffentlichungen des Autors niedergeschlagen hat. Niemals hat er diese Diasporasituation als belastend empfunden, sondern als anregend und als Möglichkeit für beide Kirchen gesehen, voneinander zu lernen.

Liebevoll schildert er das Lokalkolorit eines jeden Ortes, an dem er gelebt und gewirkt hat, ob es sich nun um das quirlige und nicht immer unkomplizierte italienische Leben in Florenz handelt, um seinen „unruhigen Ruhestand" im landschaftlich schön gelegenen Säckingen oder seinen derzeitigen Wohnsitz in Baden-Baden.

So atmet dieses Buch nicht nur die Freude eines warmherzigen und auch humorvollen Seelsorgers, sondern auch eine ehrliche Begeisterung für den Dienst am Reich Gottes und an den Menschen in dieser Welt, deren Funke auf den Leser überspringt.

Dr. Johannes Joachim Degenhardt,
Erzbischof von Paderborn

Lieber Bruder Mittorp!

Mit großem Interesse habe ich das Manuskript des zweiten Bandes Ihrer Lebenserinnerungen gelesen. Es ist beachtlich, was Sie alles getan und erlebt haben in all den Jahren, zunächst in Florenz, dann in Ihrem Ruhestand im Badischen, der durch viele Aufgaben und Begegnungen gefüllt war. Schön, daß *Zuspruch* Sie Ihre Erinnerungen in dieser Weise festgehalten haben. Wir haben Ihnen für Ihren vielfältigen Dienst in der Kirche sehr zu danken.

Mit freundlichen Grüßen, Gott befohlen,
Ihr

Landesbischof Dr. Horst Hirschler,
Hannover

„FLORENZ, wie groß bist du, wie weit spannst du die Schwingen über Land und Meere" jubelt Dante. Mir war Florenz aus der Kirchengeschichte bekannt. Hier fand eins der größten Konzile 1439-42 statt, auf dem die griechische und die römische Kirche sich zu einigen versuchten. Noch wußte ich nicht, daß die von den Römern gegründete Stadt „Florentia" den Beinamen „La Bella" trug.

Bella Firenze mit ersten Erfahrungen

Meine erste Begegnung mit der Hauptstadt der Toskana 1952 versetzte mich geradezu in einen kunsthistorischen Freudentaumel. Überwältigt von den ungeahnten Schönheiten dieser wirklich einzigartigen Stadt mit den Fresken des Fra Angelico in San Marco, den Gemälden Botticellis in den Uffizien, der Domkuppel Brunelleschis, dem grazilen Turm Giottos, dem David Michelangelos verfiel ich auf dumme Gedanken: Hier müßtest du studieren, bleiben, leben und glücklich sein können, Phantasien voller Sehnsüchte, die keiner ernsthaften Überlegung standhielten; nicht nur aussichtslos, nicht einmal diskutabel. Aber am 29. Januar 1967 wurde ich zum Pfarrer der lutherischen Kirche in Florenz gewählt.

Wäre so gern noch in Dublin geblieben. Dort war ich zwölf Jahre Pfarrer der lutherischen Kirche gewesen, und meine Gemeinde hatte mich erneut zum Pfarrer gewählt und entsprechende Anträge nach Deutschland gesandt. Die Bestimmungen der EKD für den Auslandsdienst schlossen jedoch eine längere Beurlaubung für eine bestimmte Gemeinde aus. Der Abschied fiel nicht ganz leicht. Auch die Freunde bedauerten ihn. Der anglikanische Erzbischof George Otto Simms schrieb: „You fitted so well into the life of Dublin."

Für die neue Arbeit in Deutschland kamen verlockende Angebote aus Kiel und Hannover, aber es zog mich, wie auch in Irland, zu dem Dienst in einer jungen Kirche, die sich noch im Stadium des Aufbaus und Ausbaus befand und nicht wohlgeordnet, vielleicht schon zu festgefügt war. Die Antwort von Dekan Rolf Lepsin stimmte mit meinen Vorstellungen überein: „In der Hoffnung und Erwartung, daß mit Ihnen ein Pfarrer in den Dienst der Lutherischen Kirche in Italien eintreten wird, der die Konzeption unserer Kirche als einer Glaubensgemeinschaft voll bejaht, die auf der Grundlage des lutherischen Glaubens allen geistliche Heimat bietet, die eine solche Heimat suchen."

Der neue Bezirk, in dem ich die Glieder meiner Kirche suchen und betreuen sollte, ging über die Toskana hinaus. Er umspannte auch die Insel Elba und die Provinzen Emilia, Marche und Umbrien. Im Norden gehörten die größeren Städte Modena und Ferrara dazu, im Süden Perugia und Assisi. In Viareggio, Bibbione, Rimini und Cattolica sammelten sich in den Urlaubszeiten Touristengemeinden, die von Pfarrern aus Deutschland betreut wurden.

In seinem „Florenzer Tagebuch" 1898 beklagt Rainer Maria Rilke das Fehlen jeglichen Waldes in dieser Stadt und meint, hier stünden Kirchen für die Wälder.

In diesem Wald der Kirchen, um Rilkes Bild aufzunehmen, steht, ein wenig zurückliegend, neben der stattlicheren Santa Lucia die Chiesa Luterana. Sie war zunächst wohl nur eben geduldet, wie Unterholz angesehen, wurde doch der Gemeinde nicht gestattet, einen Glockenturm zu errichten.

Touristen, die sich heute, wie auch ich einmal bei meinem ersten Besuch, von Ponte Vecchio zur Wohnung Rainer Maria Rilkes über den Lungarno Torrigiani auf den Weg machen, schauen gerne bei ihr herein.

Durch eine schlichte kleine Basilika (Königshalle) geht der Blick zu ihrem erhöhten Altar, dessen weiße Carraramarmorplatte auf zehn schwarz geäderten Seneser Marmorsäulen ruht. Der eindrucksvolle Altarkruzifixus wurde von einem venetianischen

Künstler geschaffen. Die Apsis schmückten Münchner Maler mit Bildern aus dem Alten und Neuen Testament, die wie die Kanzel der Restauration zum Opfer fielen. Die schönen Marmorreliefs der Kanzel finden sich heute in der Taufkapelle: Der gute Hirte, der Sämann und der Fischzug. Unverändert durch Krieg, Katastrophen und Flut prangt im kleinen Hof über der Sakristeitür, wie ein schönes Symbol, Jesu Einzug in Jerusalem.

Die den Besucher immer von neuem beeindruckende Einheit von Kirche, Gemeindesaal, Pfarrhaus und Küsterhaus geht auf den genialen Architekten Carlo Böcklin, Sohn des bekannten Malers Arnold Böcklin, zurück.

Die Gemeinde in Florenz, heute fast 100 Jahre alt, wurde von Dr. Eugen Lessing am 3. Februar 1899 einstimmig mit 33 sich verpflichtenden ersten Gemeindegliedern gegründet und mit bewundernswerter Umsicht und Weitsicht überraschend schnell aufgebaut. Innerhalb von zwei Jahren war Lessing nach dem Kauf eines Grundstücks in der Nähe von Ponte Vecchio der Bau eines Gotteshauses gelungen, das am 1. Advent 1901 eingeweiht werden konnte. Zum Festtag schickten u. a. auch der italienische König Victor Emanuel III. und der Deutsche Kaiser Wilhelm II. Glückwunschadressen. Zwei von der kaiserlichen Familie gestiftete silberne Altarleuchter sind in den Wirren der Nachkriegszeit spurlos verschwunden.

Die junge Gemeinde wurde durch die politische Entwicklung hart getroffen. Nach Verboten und Beschlagnahme konnte das gottesdienstliche Leben nach dem 1. Weltkrieg erst 1921 und nach dem zweiten erst 1948 wieder beginnen. Durch die Flutkatastrophe am 4. November 1966 drangen die schmutzigen Wassermassen bis in den Altarraum und verursachten überall so schwere Schäden, daß das Mauerwerk völlig restauriert werden mußte. Durch einen zu jeder Zeit verantwortungsbewußten und gut zusammenarbeitenden Kirchenvorstand gelangen die schwierigen Reparaturen.

Pfarrhaus in der Via dei Bardi

Ausblick vom Fenster des Pfarrhauses

Dem Einsatz seiner Mitglieder in der Synode und bei den kirchlichen Stellen in Deutschland ist auch der Bestand der Gemeinde sicherlich zu verdanken.

Die Zusammenarbeit mit dem Kirchenvorstand blieb auch weiterhin gut. Er bestand in den folgenden Jahren - nicht immer gleichzeitig - aus den Damen: Brodrecht, von Münchhausen, Starnotti, von Krosigk, David und den Herren: Bachmann, Zimmermann und Völker. Kirchmeister war Herr Alfred Bachschmid aus Kaufbeuren. Er wurde uns Berater und Freund, der, wo immer er konnte, uns helfend zur Seite stand. Es gab kaum eine Schwierigkeit, sei es in der Gemeinde oder mit den staatlichen oder kommunalen Ämtern, für die er nicht eine befriedigende Lösung erarbeitet, erwirkt oder vermittelt hätte.

Ich freute mich auf meinen ersten Gottesdienst am 17. September 1967, der einen besonderen Freudentag einleitete. In der gefüllten Kirche hatte sich unerwartet Hannovers Landes-bischof Hanns Lilje eingefunden, der in Montecatini zur Kur weilte. Darüber hinaus konnte ich erfreut und erstaunt unter den Besuchern einen alten Freund der Familie aus dem westfälischen Herringen entdecken.

Und ganz groß wurde die Freude darüber, daß sich unter den gratulierenden Gästen Herr Eduard Seezer vom Kirchenvorstand aus Dublin meldete, der die Grüße und Wünsche der Lutheran Church of Ireland überbrachte. Er hatte mir bei meinem Abschied aus Dublin versprochen, er würde bei meiner Einführung in Florenz dabei sein und hatte tatsächlich mit seiner Frau die weite Reise nicht gescheut.

Lilje und seine Gattin und auch die anderen Gäste hatten sich Zeit genommen und nahmen die Einladung zu einem schlichten Essen in einem Landhaus der Toskana an. Das schöne Zusam-mensein fand seinen Abschluß mit einem Kaffee auf dem Piazzale Michelangelo mit einem Ausblick auf die darunter liegende Stadt, der zu den schönsten der Welt gezählt wird und der den Bischof schmunzelnd bemerken ließ, der Bischof von Hannover beneide den Pfarrer von Florenz.

Am Mittwoch danach brachte der Postbote einen Brief von Herrn Schulze-Herringen, der den Freudentag noch einmal aufleuchten ließ: „Der ganze Tag verlief so harmonisch in der großen „ökumenischen Kumpanei", daß er uns noch lange in Erinnerung bleiben wird. Auf Sie wartet nun eine sicherlich nicht leichte, aber doch schöne Aufgabe. Mancherlei neue Wege werden Sie und der Kirchenvorstand suchen müssen und, wie das Beispiel vom vergangenen Sonntag mit den Darmstädter Studenten aber zeigte, sicherlich auch finden."

Die eigentliche Einführung in das florentiner Pfarramt wurde erst am 25. Februar 1968 durch Präsident D. Adolf Wischmann vorgenommen. Die Gedanken meiner Predigt waren bestimmt von der Epistel des Sonntags, in der der Apostel Paulus versuchte, den Korinthern die unheimlichen Paradoxien des christlichen Glaubens auszulegen: „Wenn ich mit Menschen- und mit Engelszungen redete, und hätte der Liebe nicht, so wäre ich ein tönend Erz oder eine klingende Schelle." Übersetzt in meinen kirchlichen Alltag würde das doch bedeuten, daß für mein Amt aus dem Dienst an Wort und Sakrament die Hilfsbereitschaft und soziale Verantwortung in allen menschlichen Nöten den absoluten Vorrang hätte und sich durch keine konfessionellen oder politischen oder sonstigen Einwände aufheben ließe.

Die Epistel weckte auch erneut die Bereitschaft, alle sich irgendwo bietenden Gelegenheiten im ökumenischen Bereich zu erkennen und zu nutzen.

Die erste dunkle Wolke, die nach schönem Wetter auftauchte, kam in Florenz von einer Seite, von der ich sie am wenigsten vermutet hätte. Eine alte Dame aus der Gemeinde hatte das Fehlen des protestantischen Beffchens bei mir bemängelt und Beschwerde an höherer Stelle eingelegt. Der Vizedekan, der die Geschäfte des Konsistoriums führte, überraschte mich mit einer mahnenden

Warnung. Ich konnte mich ihm gegenüber aber auf der Synode durchsetzen.

Von Irland hatte ich, mit einhelliger Zustimmung des florentiner Kirchenvorstandes, meine Dubliner Amtstracht mitgebracht. Mir ging es hier nicht um das Beffchen, auch nicht um meine Krause und Stola, sondern um die Frage der liturgischen Gewänder überhaupt.

In den lutherischen Kirchen Skandinaviens, wie in vielen anderen lutherischen Gemeinden der ganzen Welt, tragen die Pfarrer liturgische Gewänder, um die frohe Botschaft des Evangeliums in den Farben der Freude aufleuchten zu lassen.

Der preußische König Friedrich Wilhelm III. hatte dagegen, vor allem auch aus Sparsamkeitsgründen, 1811 angeordnet, daß die evangelischen Pfarrer, wie die Staatsanwälte, Richter und Rabbiner seines Landes den schwarzen Talar und dazu das weiße Beffchen zu tragen hätten.

Es scheint für die gegenwärtige Lage der Kirche bedeutsam, daß man heute nicht mehr verallgemeinernd feststellen kann, wie es noch 1949 Arnold Rickert bei der Herausgabe von Wilhelm Löhes: „Vom Schmuck der heiligen Orte" formulierte: „Für Löhes leidenschaftliche Forderung der Wiedereinführung geistlicher Gewänder ist heute ebensowenig Verständnis in der offiziellen evangelischen Kirche zu erwarten wie zu seinen Lebzeiten."

Heute ist es z. B. in der evangelisch-lutherischen Kirche Bayerns erlaubt, Alba und dazu die Stola in den Farben des Kirchenjahres zu tragen, sofern es der Kirchenvorstand bestätigt hat. Ein Drittel der PfarrerInnen, heißt es, machen von dieser Erlaubnis ganz oder bei besonderen Gelegenheiten Gebrauch. Historiker berichten darüber hinaus, daß einige Gemeinden im übrigen Deutschland farbige liturgische Kleidung seit Luthers Zeiten beibehalten hätten.

Das berühmte Bild in der Veste Coburg stellt den Reformator ja in farbiger liturgischer Gewandung dar.

Was Verlauf und Vollzug des Gottesdienstes angeht, richteten wir uns in Florenz nach den Ordnungen der Vereinigten Evangelisch-Lutherischen Kirche Deutschlands (VELKD). Als einmal, nach verschiedenen Cholerafällen in Neapel, auch in Florenz ein erster Fall die Stadt verunsicherte, ging ich bei der Feier des hl. Abendmahles zu dem theologisch unbedenklichen Eintauchen der Hostie in den Kelch über, um verständliche Besorgnisse zu zerstreuen.

Spaßeshalber soll ein unbeabsichtigter, auf keinen Fall nachzuahmender Einfluß auf den liturgischen Verlauf des Gottesdienstes aus meiner alten Dubliner Gemeinde erzählt werden.

Herr Dr. Ulrich Seifert berichtet darüber: „Heute früh in der Kirche flüsterte mir Mr. Seezer 'herzliche Grüße von Mittorps' ins Ohr, als er die Kollekte einsammelte. Dergleichen ist vermutlich in den liturgischen Ordnungen der lutherischen Kirche nicht vorgesehen, aber ich muß sagen, ich habe mich darüber doch so gefreut, daß mir das zwei Schillinge extra auf den grünen Teller durchaus wert war."

Schon nach meinen ersten Gottesdiensten sah ich die alte Wahrheit bestätigt, daß eine ordentliche Gemeinde einen Organisten und einen Küster in verantwortlicher Dauerstellung dringend benötigt, da ein häufiger Wechsel sonntägliche Ungewißheit und Unsicherheit verursacht. Für beide Ämter ergab sich eine äußerst glückliche Lösung, als sie durch zwei unerwartete Fügungen ausgezeichneten und sich schnell bewährenden Frauenhänden anvertraut wurden.

Der Kunsthistoriker Herr Dr. Schweikert, Hobbyorganist, hatte mir durch Vermittlung und auf Bitten von Frau von Münchhausen in den Gottesdiensten einige Monate freundlich geholfen und war jetzt im Advent ganz plötzlich nach Deutschland berufen worden und abgereist. Die unbesetzte Orgelbank machte mir kaum zu beschreibende Sorgen. Daher antwortete ich, von einer Grippe nicht verschont, meiner russischen Ärztin, Frau Dr. Nina Harkevitch, die in München studiert hatte und gut deutsch sprach, auf ihre Frage: „Was fehlt Ihnen? Womit kann ich Ihnen helfen?" ganz spontan: „Mir fehlt ein Organist." Sie darauf: „Den kann ich Ihnen sofort verschreiben." Darauf reichte sie mir ein Rezept mit dem Namen: Alessandra Bellandi und erklärte weiter, Alessandra sei eine junge Freundin, die gerade ihr Organistenexamen abgelegt habe und dringend eine Orgel suche. Ich verspürte sofort erhebliche Besserung!

Die Ärztin konnte sich allerdings drei Hindernisgründe denken. Alessandra sei katholisch, verstehe kein Wort deutsch und die Zustimmung des Verlobten würde vielleicht schwierig werden. Die Konfession bereitete kein Problem, was die Sprache anging, assistierten Frau und Sohn anfangs an der Orgel und - mit dem Ehepaar Alessandra und Giuseppe Longobardi sind wir bis zum heutigen Tag befreundet.

Die neue Küsterin Antje Andreini aus Kiel war zufällig mit meiner Frau beim Einkaufen im Metzgerladen ins Gespräch gekommen, interessierte sich für die Kirche und dann für den Kirchendienst.

Die beiden jungen Mitarbeiterinnen von damals haben der Gemeinde über 30 Jahre hinweg die Treue gehalten. Alessandra ist noch immer Organistin und hat durch ihre Konzerte unsere Kirche in der Stadt und in der Gesellschaft angesehener gemacht. Unsere Küsterin öffnet noch immer am Sonntagmorgen die Pforte unseres von ihr stets gepflegten Gotteshauses.

Die Gemeinde hatte nicht nur eine überragende Organistin und eine ausgezeichnete Küsterin, sondern auch eine generöse Chauffeuse, Frau Maria Bianchini, und das war, da dem Pfarrer kein Dienstwagen zur Verfügung stand, von nicht zu unterschätzender Bedeutung. Wenn ich innerhalb oder außerhalb der Stadt einen Ort aufzusuchen hatte, der mit den üblichen

Verkehrsmitteln nicht oder nur schwer zu erreichen war, bot sie großzügig an, mich in ihrem Volkswagen dahin zu geleiten.

Schon in Italien aufgewachsen, war Frau Bianchini mit Sprache Kultur und Geschichte der Stadt wie eine Einheimische vertraut und stellte, wenn erforderlich, Fähigkeiten und Fahrkunst in uneigennütziger Weise zur Verfügung.

Hatte ich bei größeren Entfernungen die Bahn zu benutzen, ergaben sich oft ärgerliche Verzögerungen, gelegentlich durch ungewohnte und nicht uninteressante Zwischenfälle verursacht, wie etwa bei der Rückreise von einer Synodaltagung in Rom.

Die erste Überraschung noch auf dem Bahnsteig in Rom. Ein Polizeikommando holte aus der Zwischendecke unseres Wagens zwei „blinde Passagiere", Flüchtlinge aus Jugoslawien auf dem Weg in den „goldenen Westen."

Nach verspäteter Abfahrt, auf einem kleinen Bahnhof ein plötzlicher Halt! Alle aussteigen! In einem der mittleren Wagen sollte eine Bombe versteckt sein. Der Wagen wurde ausrangiert und abgestellt, nach stundenlangem Warten durften wir wieder einsteigen, und ich langte im frühen Morgengrauen zu Hause an. Meine sich sorgende Frau hatte auf wiederholte Anfragen aus Rom nur die beunruhigende Nachricht erhalten, die Tagung habe pünktlich am Nachmittag ihr Ende gefunden. Unsere florentiner Zeitung berichtete anderntags, nicht ohne leises „Augenzwinkern", es habe entweder gar keine Bombe gegeben oder sie sei in den Nachtstunden heimlich entfernt worden.

Obwohl es nach so vielen Jahren nicht ganz einfach ist, Namen zu nennen, sollte doch neben der schon erwähnten „Taxifahrerin" auch an Freifrau Dr. Barbara von Münchhausen erinnert werden, die uns aus vielen Verlegenheiten dank guter Verbindungen weiterhelfen konnte. Die Baronin unterhielt mit ihrem Gatten ein gepflegtes und gastfreies Landhaus, die „Villa Pazzi", dessen Gäste sie fleißig zu uns einlud, und die häufig Freunde unserer kleinen Kirche wurden.

Der Altar aus Carraramarmor

Luther in liturgischer Gewandung (Alba)

Die lutherische Kirche in Florenz im Schnee, Winter 1967/68

Die Via dei Bardi, eine der schönsten und traditionsreichsten Straßen der Stadt, ist nach dem altadligen Geschlecht der Bardi benannt, das den ursprünglich bürgerlichen, reich gewordenen Medici durch eine Frau für Cosimo den Glanz einer ruhmreichen Vergangenheit verlieh und das Tor zur Welt des Adels öffnete. Die Palazzi in Florenz zeichnen sich nicht durch äußerliche Pracht und Schönheit aus, wie etwa vergleichbare Residenzen in Venedig und anderen italienischen Städten. Daß sie burgähnlichen Charakter tragen, ist auf die Jahrhunderte dauernden Kämpfe der Adelsgeschlechter untereinander zurückzuführen und ist dem größten unter ihnen, dem Palazzo Pitti, der wie eine gewaltige Festung ganz auf Abwehr und Verteidigung eingestellt ist, sehr deutlich anzusehen.

Rund um Kirche und Pfarrhaus

In unserer so sehr vom Zauber geschichtlicher Erinnerungen gezeichneten Via dei Bardi lag mein Pfarrhaus, das an der wechselvollen Geschichte seinen Anteil gehabt hatte. Viele Jahre war es eine Herberge für Pilger zu benachbarten Kirchen gewesen, dann auf dem offenen Markt in die Hände wechselnder Besitzer gelangt. Nach dem Ankauf und Umbau hatte Pfarrer Lessing darin bis zur Einweihung der Kirche seine Gottesdienste gehalten, später wurde es ganz Pfarrhaus, mit einigen Räumen aber zeitweise an die deutsche Schule und das deutsche Konsulat vermietet.

Das Pfarrhaus war, als wir ankamen, ebenso wie das Küsterhaus, von oben bis unten an Mieter vergeben, einschließlich der Pfarrwohnung im Dachgeschoß, die für uns freigemacht wurde. Wir hatten daher einige Wochen zu warten, fanden aber bei der gastfreien Frau Nörpel in Settignano eine großartige Zwischenlösung.

Der Raum an der Eingangspforte dagegen, der als Dienstzimmer vorgesehen war, wurde von einer widerstandsfreudigen Mieterin festgehalten und konnte erst nach zwei Jahren als solches bezogen werden.

Unser Pfarrhaus an der Via dei Bardi bildete, wenn auch baulich getrennt, mit Kirche und Küsterhaus am Lungarno Torrigiani und dem Gemeindesaal in der Mitte, ein zusammengehörendes und eindrucksvolles einheitliches Ganzes.

Was uns fehlte war ein kleines Gärtchen, in dem meine Frau, eine leidenschaftliche Blumenfreundin, ihre Lieblinge hätte ziehen können, u. a. auch eine Sonnenblume „Helianthus", mit der es eine eigene Bewandtnis hatte. Erzbischof Kiviit von Estland hatte mir auf einer Konferenz des Lutherischen Weltbundes als Zeichen der Verbundenheit der estnischen und irischen Lutheraner ein Prachtexemplar dieser Blume geschenkt, und meine Frau hatte aus dieser ersten estnischen Sonnenblume in lückenloser Folge Samen gesät und geerntet und hätte diese Reihe liebend gern auf italienischem Boden fortgesetzt.

Die Klingel an unserer Haustüre läutete nicht ununterbrochen, aber oft und oft schnell hintereinander, auch noch spät abends und brachte viele Besucher, Gemeindeglieder mit ihren Anliegen, frohen und traurigen Botschaften, Hilfesuchende und Bittsteller, auch unerwartete und ungebetene Gäste. Einige sind im Gedächtnis haften geblieben: Ein seltsames Paar, Amerikaner, der jüngere schwarz, der ältere weiß, befand sich, wie es behauptete, in der Erfüllung eines Gelübdes auf dem Weg nach Jerusalem. Da den beiden das Geld ausgegangen sei, erwarteten sie vom Pfarrer eine Fahrkarte wenigstens bis Rom.

Ein Student aus Frankreich, Jean Claude, bot sich als Mitarbeiter in unserem Jugendkreis an, er müsse aber leider vorher zur Beerdigung seines Vaters nach Paris und bat um Reisegeld, erschien aber nach einem halben Jahr in seiner Vergeßlichkeit mit der gleichen Bitte noch einmal.

Ein junger Deutscher, angeblich Pilot, kam nicht nur wie Jean Claude zweimal, sondern in beinahe regelmäßigen Abständen immer mit der gleichen unwahrscheinlichen Geschichte, er fliege von Rom aus Hilfssendungen nach Biafra, sei aber während eines kurzen Urlaubs völlig ausgeraubt und stehe im Augenblick auf dem Weg zu seiner Dienststelle mittellos da.

Ein flottes Pärchen, das in einem Hotel I. Klasse übernachtet hatte, bat nicht, sondern ersuchte uns geradezu. mit dem Hinweis auf die deutsche Staatszugehörigkeit um die Begleichung seiner Hotelrechnung, mit der es in dieser Höhe nicht gerechnet hatte. In dieser Notlage zu helfen, sei ja doch wohl Aufgabe und Pflicht einer deutschen Gemeinde.

Es kamen Wehrdienstverweigerer, auch junge Mädchen, die von zu Hause fortgelaufen waren, potentielle Kandidatinnen für das horizontale Gewerbe und nicht selten mit Selbstmordgedanken, ihnen allen waren die Mittel ausgegangen. Dazu kamen die berufsmäßigen „Absahner", die bei allen kirchlichen Stellen regelmäßig vorsprechen. Leute, die angeblich Hunger hatten und dann doch nicht mit Broten oder einer Mahlzeit zufrieden waren. Obwohl wir manche Betrügereien durchschauten, versuchten wir in jedem Fall in irgendeiner Weise zu helfen. Die Wirklichkeit unseres Alltags, der Geschichte vom barmherzigen Samariter gegenübergestellt, läßt uns immer unser klägliches Versagen erkennen.

In seinem Büchlein „Ein Bischof reist inkognito" erzählt Werner May die Geschichte einer Katzenmutter, die man ihrer Jungen beraubt hatte, und die sich dann in ganz unerwarteter Weise hilfloser kleiner Küken annahm, sie umsorgend und hegend großzog, obwohl sie sie eigentlich von ihrer Natur und Anlage her hätte auffressen müssen. Hier kann deutlich werden, was der Heiland mit dem barmherzigen Samariter meint, daß wir Christen auch da helfen sollen, wo wir von Natur oder Charakter oder Moral nicht glauben es zu müssen, zu können oder zu dürfen.

Die ureigenste Aufgabe des Pfarrers in Florenz war, wie überall, der Dienst an Wort und Sakrament, besonders natürlich in dem sonntäglichen Hauptgottesdienst. Der Besuch war nicht schlecht, lag durchschnittlich bei 35, stieg an Fest- und Feiertagen schnell auf über hundert.

Im Herbst 1973 wurde ein sonntägliches Fahrverbot erlassen. Die Zahl der Gottesdienstbesucher sank bedenklich. Die Gemeindeglieder, die dennoch unter erheblichen Erschwerungen durchhielten, wurden nach dem Gottesdienst zu heißem Tee und Imbiß eingeladen.

Samstagsmorgens suchte ich gern das von Touristen bevorzugte Café Gilli an der Piazza della Republica auf, um potentiellen Kirchenbesuchern meine Einladungskarte, die auch in den florentiner Hotels auslag, persönlich zu überreichen. Vor meinem Tisch ein Zwischenfall: Einer Vorübergehenden war der Wasserbehälter mit einem Goldfisch auf die Erde gefallen und zerbrochen. Mit dem Wasserglas neben meinem Espresso gelang es mir, schnell einzugreifen und das Fischlein zu retten. Ein strahlendes Gesicht, ein jubelnder Ausruf: „Che bello, è vivo, grazie!"

Dieser so unerwartet gerettete Fisch erinnerte mich daran, daß unter den ersten Christen der Fisch ihr geheimes Kennzeichen gewesen war und mit seinen griechischen Buchstaben *Ichtys* Jesus Christus, Gottes Sohn, Erlöser bedeutete. Mir war für die Sonntagspredigt ein Anfang gewonnen.

Durch die Verbindung mit dem Lutherischen Weltbund hatten wir sehr oft amerikanische und skandinavische Gäste, auch Besucher aus den Niederlanden, Irland und vor allem aus Deutschland, nicht selten Pfarrer mit Gemeindegruppen, oft auch alte Freunde, die uns besuchen wollten. 1970 hatten wir die Freude, Martin Niemöller mit seiner zukünftigen zweiten Frau unter den Gottesdienstbesuchern zu entdecken und mit ihm abends bei

einer Flasche Wein aus der Zeit des westfälischen Kirchen-
kampfes gemeinsame Erinnerungen austauschen zu können.
„Dies war ein völlig unerwartetes, aber sehr beglückendes Erlebnis! Herzlichen Dank dem lieben westfälischen Pfarrhaus, das
wir hier in der „Fremde" fanden. 21. 6. 1970, Martin Niemöller,
Sibylle Donaldson.", erinnert im Gästebuch an den Abend.

Zu den schönen und interessanten Erfahrungen in Florenz gehören sich wie von selbst einstellende Freundschaften aus zunächst nur nachbarschaftlichen Beziehungen, u.a. mit dem Au-
genspezialisten Prof. Giorgio Calamandrei, der mir für alle oku-
laren Notfälle seine freilich für mich in dieser außerordentlich
weitherzigen Form nicht annehmbare Hilfe anbot.

Mit den benachbarten Vertretern für Kultur, Kunst und
Literatur, ja einzelnen Instituten sahen wir uns in
freundschaftlichen Beziehungen. Gerne genannt seien das
Kunsthistorische Institut und die „Villa Romana", wie auch last
not least der Repräsentant der FAZ und Präsident der
Dantegesellschaft Professor David Sante (Sante David), der
unsere Arbeit mit stets freundschaftlichem Interesse begleitete.
Sein Buch „Italienisches Kultur-Allerlei" erinnert uns an die
italienisch-deutsche Symbiose, die er so eindrucksvoll verwirk-
lichte und auch zu repräsentieren verstand.

Die Nennung des Präsidenten der Dantegesellschaft erinnert
mich an Otto Freiherrn von Taube, einen anderen bedeutenden
Dantekenner, zu dessen Freundeskreis ich mich trotz Altersun-
terschiedes zählen durfte, seit er mir sein kleines, sich mit italienischen Erinnerungen befassendes Büchlein „Vom Ufer, da wir
abgestoßen" mit einer freundschaftlichen Widmung überreichte:
„Diese Verse hier verkünden, ein klein Häuflein Jugendsünden,
die genau vor 30 Jahren, auf Papier verbrochen waren; für Pfarrer
H. D. Mittorp, Otto v. Taube Paderborn, 30. 11. 1947."

Taube hatte uns auch der mit ihm weitläufig verwandten
Dame Nicky Mariano in Florenz empfohlen. Sie galt als Vertre-

terin eines europäischen Kunst- und Kulturkreises, dessen Mittelpunkt Bernard Berenson war. Taubes „Cousine", eine von Noblesse geprägte ältere Dame, der man noch immer einen Hauch von Charme und Schönheit anmerken konnte, nahm mich freundlich auf und versuchte, mich über das mir noch unbekannte Florenz zu informieren.

Nicht unerwähnt bleiben soll auch aus einem völlig anderen Milieu der befreundete Wirt aus dem „Fagiano", der sich höchstpersönlich trotz Hauptgeschäftszeit über den Ponte alle Grazie auf den Weg machte, als unsere ganze Familie, die Hausfrau eingeschlossen, an Grippe erkrankt war, um uns mit Mahlzeiten zu versorgen.

Freundschaften sind mir auch unerwartet und auf Umwegen sozusagen zugeflogen. Fast täglich pflegte ich an der Ecke des Lungarno Serristori eine deutsche Zeitung zu kaufen. Dieser Zeitungsstand wurde von einem älteren Ehepaar betrieben, und, wenn die Frau mir die Zeitung aushändigte, fühlte ich mich an den verehrungswürdigen Frauentypus erinnert, wie ihn Otto von Taube mit der alten Dienerin Giulia beschreibt, der er begegnet war, als er im Hause Bernard Berensons zu Gast weilte: „Sie mußte einmal sehr schön gewesen sein, von jener toscanischen schmalgesichtigen Schönheit, die wir an Menschen auf den Gemälden Florentiner und Sieneser Quattrocentisten bewundern. Diese Schönheit hat etwas Geistiges an sich, deshalb überlebt sie die Zeit. In meiner Jugend war sie in Florenz häufig. Die Frauen aus Volk oder Mittelstand wirkten bei aller Ärmlichkeit viel weniger rührend denn als Ehrfurcht gebietende Matronen. Giulia war von diesem Typ."

Als mir die Eheleute nach einiger Zeit vertraut waren, verrieten sie mir, daß eine Dame bei ihnen auch täglich eine deutsche Zeitung verlange. Sie wohne drüben in jener Villa, Richtung Ponte Vecchio. Dort fand ich sie, Tochter des Heidelberger

Professors Forsthoff und ihren Gatten, den vielgesuchten Rechtsanwalt Falconi.

Falconis wurden nicht nur persönliche Freunde, sondern auch mit Rat und Tat helfende Gäste der Gemeinde. Beim Abschied schrieb sie: „Mit Dankbarkeit gegenüber dem verehrten Pastor und seiner lieben Frau, die es in so hohem Maße verstehen, durch die schönen Gottesdienste und ihre großzügige und herzliche Gastlichkeit protestantischen deutschen Geist lebendig zu halten." Susanne Forsthoff-Falconi. Und ihr Mann ergänzt: „A testimonianze e per ingraziamento delle piacevoli ore trascorre insieme." Francesco Falconi.

Zu den besonderen Freundschaften, die ganz unerwartet und plötzlich auf uns zukamen, gehört auch die mit Professor Clemente Gavagna. Eines Morgens stand er vor unserer Haustür in der Via dei Bardi mit der Bitte, ihm aus dem Lutherlied: „Ein feste Burg ist unser Gott",. die ihm völlig unverständliche Stelle: „Das Wort sie sollen lassen stan" zu erklären, (nur im Zusammenhang mit Luthers Auffassung vom heiligen Abendmahl zu verstehen).

Der morgendlichen Lutherstunde folgten viele Gespräche, nicht nur mit theologischem Akzent. Es erwuchs eine Freundschaft bis in die Gegenwart.

Ungeachtet der weitverbreiteten und in dieser Verallgemeinerung sicher nicht zutreffenden Vorstellung über das Verhältnis der Pfarrer untereinander, möchte ich anmerken, daß uns, etwa ein Dutzend Pfarrer in der Ev. Lutherischen Kirche Italiens, nicht nur ein starkes Bewußtsein um die gemeinsamen Aufgaben verband, sondern daß wir uns auch in einer brüderlichen Gemeinschaft verbunden fühlten, die auch die Familien einschloß. Es kam nicht ganz selten vor, daß einer von den Amtsbrüdern am Montag (Pastorensonntag) bei uns auftauchte, um die *consolatio fratrum* (den Trost unter Brüdern) zu suchen.

Wir fühlten es daher wie einen Schlag in die eigene Familie, als Bruder Friedrich Wabnitz in Mailand am 15. Oktober 1972 durch einen feigen Mordanschlag plötzlich aus unserer Mitte gerissen wurde.

Pfarrer Wabnitz hatte sich auch um die Gemeinde in Florenz große Verdienste erworben und den ersten Wiederaufbau nach dem Krieg ermöglicht. Er hatte uns drei Tage vor seinem Tod besucht und dabei u. a. auch von den Schwierigkeiten in seinem Einsatz gegen die Drogengengefahr unter den älteren seiner Schüler, die er am Gymnasium zu unterrichten hatte, ausführlich erzählt. „Bild" berichtete, er habe sich auf Bitten betroffener Eltern in die anrüchige Drogenszene begeben und sei am folgenden Morgen in der Nähe ermordet aufgefunden worden. Umstände und Hintergründe des Mordes haben nie eine Aufklärung gefunden und zu naheliegenden Vermutungen Anlaß gegeben.

Ein Glücksfall für unsere Gemeinde war der Frauenverein, in dem der jeweilige Pfarrer satzungsgemäß den Vorsitz führt. Pfarrer Lessing hatte den Verein am 17. Januar 1900 weitschauend gegründet und zum Knüpfen eines umfassenden sozialen Netzes mit einer Krankenstation und einem Hospiz verbunden. Der erstandene Besitz wurde von ihm „Marienheim" benannt und lag in der Via Serragli. Pfarrer und Vorstand waren bemüht, Diakonissen zur Krankenpflege sowie geeignete, ausgebildete Hospizleiterinnen aus Deutschland einzuladen, und es gelang in den folgenden Jahren, hervorragende Kräfte für die Arbeit in Florenz zu gewinnen. Freilich weiß das Protokoll auch von einer großen Enttäuschungen zu berichten: „Die Oberschwester hat sich nicht bewährt, sie hält mehr auf ihre Bequemlichkeit als auf ihre Pflicht." Das blieb eine traurige Ausnahme. Das Hospiz blühte großartig auf und brachte aus der eigenen Arbeit die erforderlichen Mittel für Schuldentilgung und Neuanschaffung auf.

Nachdem in der Krankenabteilung ein moderner Operationssaal eingerichtet war, wurden alle Ärzte in Florenz gebeten, ihre

Patienten nach dort zu legen. Es gelang, einen bekannten florentiner Chirurgen für diesen Plan zu gewinnen, und der Ruf des Hauses war auch bei den Italienern gesichert.

Pfarrer Lessing hatte schon weit vorausschauend für die Zukunft geplant: Das Haupthaus allein verfügte in drei Stockwerken über etwa 90 Zimmer, vor allem aber lag ihm an einer harmonischen Atmosphäre im Hause. Aus diesem Grunde hatte die Vorsteherin alle Angestellten und Mitarbeiter zu Teestunde und Aussprachemöglichkeiten einzuladen, um ein gutes Miteinander zu gewährleisten. Die Zugehörigkeit zur Gemeinde sollte durch gemeinsame Veranstaltungen, ein fröhliches Sommerfest und eine gemeinsame Weihnachtsfeier gepflegt und gefördert werden.

Diese hoffnungsvolle Arbeit wurde durch den Ausbruch des Krieges 1914 brutal unterbrochen. Hospiz und Krankenpflege mußten sofort geschlossen werden. Pfarrer Lessing wurde von der Präfektur „gebeten", ohne Verzug abzureisen, und am 26. Mai 1915 fuhr er mit dem letzten Zug nach Lugano. Erst am 1. September 1920 durfte er zurückkehren, fand seine Kirche und das Pfarrhaus beschlagnahmt und das Marienheim mit Zwangsmietern besetzt, das Inventar zu Schleuderpreisen verkauft.

Pfarrer Lessing gelang es unter schwierigsten Verhältnissen und prozessualen Auseinandersetzungen, einen Teil des Besitzes zu sichern und darin ein Altersheim aufzubauen. Im Sommer 1938 kam es erneut zu einer Krise. Die NSDAP forderte die Entlassung Lessings als Pfarrer der Gemeinde, weil er zur Abhaltung eines Gottesdienstes nach Venedig gefahren war, statt, wie befohlen, zu einer Parteiversammlung. Da das Kirchliche Außenamt in Berlin sich auf die Seite der Partei stellte, mußte er zum 1. Januar 1939 gehen, mit dem Verbot, je wieder eine Amtshandlung in seiner Kirche zu halten.

Um das sehr gefährdete Marienheim für die Gemeinde zu retten, beschloß der Verein am 19. Dezember 1938 seine Auflösung und übertrug den Besitz mit folgender Klausel dem Vorstand:

„Die Mitglieder verzichten für sich und ihre Anverwandten auf jeden persönlichen Anspruch aus dem Vereinsbesitz." Durch diese geschickte Taktik Lessings war das Haus als Privateigentum zunächst dem Zugriff der Partei entzogen. Nach Kriegsende freilich erfolgte eine erneute Beschlagnahme wiederum mit einer Zwangsbelegung, die die Verwendung als Hospiz bis in die Gegenwart verhindert. Ein italienisches Gericht erklärte aber die alten Statuten für gültig und der Vorstand bemüht sich zur Zeit, in sozialen Nöten zu helfen und kann gelegentlich sogar eine inzwischen frei gewordene Wohnung zur Verfügung stellen. Der Verein ermöglicht es auch dem Pfarrer, deutschen Insassen in italienischen Gefängnissen beizustehen. Für die deutschen Häftlinge, die oft wegen kleiner Vergehen einsitzen, kann die Unterstützung beinahe zu einer Lebensfrage werden, da sie nicht, wie die Italiener von ihrer zu jeder Hilfe bereiten Großfamilie besucht und gut versorgt werden können.

An dem ersehnten Neuanfang konnte sich der Gründer nicht mehr erfreuen, da er 1943 in Fiesole einem Unfall zum Opfer fiel. Sein großangelegtes Werk lebt, wenn auch in bescheidenem Ausmaß, bis in unsere Tage. Auch er sollte nicht der Vergessenheit anheimfallen.

Nach dem Krieg wurden die alten Pferdestallungen in Studios für Künstler umgewandelt und beherbergten auch eine Reihe von nicht unbekannten florentiner Malern, unter denen uns Paolo Coppini besonders zugetan war. Als Leihgabe für unsere durch die Kriegswirren schmucklos gewordene Kirche überließ er uns eines seiner großen Bilder, das den Heiland mit seinen Jüngern eindrucksvoll darstellte.

Wie überall fehlte auch in Florenz die junge und jüngste Generation in der Kirche. Da war es eine glückliche Fügung, daß es meiner Frau gelang, ein halbes Dutzend junger Frauen zu interessieren und zusammenzuschließen. Die Probleme dieser jungen Frauen waren vielleicht in Florenz nicht so ausgeprägt wie in anderen Großstädten oder im ländlichen Raum, aber dennoch spürbar: etwa bei Schwierigkeiten mit der Sprache, mit den Angehörigen des Mannes, mit den Nachbarn, mit den Kindern in der Schule im Verhältnis zu den Mitschülern oder auch ganz allgemein in einem Gefühl der Vereinzelung oder gar der inneren Vereinsamung.

In jedem Fall wollte meine Frau die jungen Frauen nicht allein lassen und hatte den guten Einfall, sie an jedem Mittwochnachmittag in den Gemeindesaal einzuladen und zu bewirten. Die jungen Mütter durften nicht nur ihre Kinder, sondern auch ihre vielfachen Probleme mitbringen, die ausgesprochen und beraten werden sollten, was oft schon wie eine psychologische Befreiung empfunden wurde.

Ein italienischer Journalist, Paolo Berardengo. berichtete nach einem Besuch bei uns in seinem „Il Giornale D'Italia": „Queste iniziative servono a far conoscere ai bambini almeno un aspetto della vita e della cultura della madrepatria. Anche gli adulti trovano motivo di consolazione nel rivivere le scene di una vita lasciata ma mai dimenticata." „Diese Zusammenkünfte dienen dazu, die Kinder wenigstens mit einem kleinen Teil der Lebensumstände und der Kultur des Heimatlandes ihrer Mütter bekannt zu machen. Und auch die Erwachsenen erleben noch einmal Szenen aus einem Leben, das sie verlassen, aber nie vergessen haben, daraus schöpfen sie Zuversicht."

Die ausgezeichnete Verbindung zur italienischen Presse verdanken wir Frau Barbara Gerdolle-Pasquini, die auch die nicht einfache Verwaltung des Friedhofs Allori bereitwillig auf sich genommen hatte.

Zunächst nur für die Lösung eigener Probleme geplant, entwickelte sich der Frauenkreis bald zu einer ideenreichen Arbeitsgemeinschaft mit Impulsen und Initiativen für den gemeindlichen Aufbau. Die jungen Frauen und ihre Kinder halfen, den Gottesdienst und die Gemeindefeiern vorzubereiten und zu gestalten.

In monatelanger Arbeit entstanden auch Figuren für eine Krippe und Leinentücher für die Abendmahlsfeier. Um die Ausstattung der Kirche und ihren liturgischen Schmuck hat sich eine kleine Gruppe mit Frau Dr. Ingrid Krause besonders verdient gemacht.

Schon im Anfangsstadium hatte der Mütterkreis seine erste Generalprobe zu bestehen. Meine Frau und ich waren auf dem Weg an den westlichen Rand des Gemeindebezirks nach Livorno, um dort den deutschen Konsul Braun zu besuchen. Von ihm erfuhren wir, daß im Hafen das Schulschiff „Deutschland" vor Anker gegangen sei. Wir eilten sogleich dorthin, hatten gute Gespräche mit dem Kapitän und seiner Mannschaft und luden zu einem Besuch in unsere Gemeinde ein, wenn seine Soldaten bei der Rückkehr von der Kranzniederlegung auf dem Soldatenfriedhof am Futapaß über Florenz führen. Militärpfarrer Hans Bauer sagte für sich und eine Gruppe von 25 Mann der Besatzung zu, wenn er am nächsten Tag kommen dürfe.

Ohne lange zu überlegen sagte ich zu, aber nach der Rückkehr an Land eilte meine Frau zum nächsten Telefon und setzte sich mit Frau Starnotti in Verbindung, um einen derart kurzfristig angekündigten Besuch angemessen vorzubereiten.

Als die jungen Marinesoldaten am folgenden Tag erschienen, ließ sich ihr Erstaunen kaum verbergen: hübsch gedeckte Tische, Kaffee, Tee, Kuchen und Wein und nette aufgeschlossene Gesprächspartnerinnen! Bei dem immer wieder hinausgezögerten Abschied von diesem harmonischen Zusammensein war alles auf das Danken gestimmt: die Soldaten für den herzlichen Empfang, die Frauen für die landsmannschaftlichen Erinnerungen und ich, der ich mir vorher über das Gelingen große Sorge gemacht hatte, dafür, daß der Mütterkreis seine Leistungsfähigkeit, auch in unerwarteter Situation, so eindrucksvoll unter Beweis gestellt hatte.

Die handgefertigte Krippe im Frauenkreis von Florenz

Adventliches Singen

Frau Elke Kerlin-Starnotti, die den Kreis der jungen Mütter so erfolgreich mobilisiert hatte, war eine patente junge Frau aus Hamburg. Sie strahlte eine gewinnende Fröhlichkeit aus und wußte immer einen guten Rat. Auf unsere Kirche war sie nicht gleich am Anfang unserer Arbeit, sondern erst durch einen fast lächerlichen Zufall aufmerksam geworden.

Sie ging mit ihren beiden Kindern spazieren, als der Bube von einem unwiderstehlichen „Muß mal" bedrängt wurde. Als sie ihm folgte, fand sie sich vor der Pforte unserer ihr bis dahin unbekannten Kirche. Sie las die Umschrift über der Pforte: „Ein feste Burg ist unser Gott", suchte den Pfarrer auf, schloß sich der Gemeinde an, ließ ihre Kinder taufen und wurde dann einige Monate später vielbeschäftigte Sekretärin der Gemeinde. Sie kannte sich in den Verhältnissen der Stadt und der verwirrenden Fülle ihrer Behörden hervorragend aus, und ich habe es ihr zu verdanken, daß ich manchen Umweg vermeiden konnte. Sie hatte auch die Verwaltung des Hauses in Via Serragli übernommen, und ihre erfolgreiche Tätigkeit ist aus der Geschichte der Gemeinde nicht wegzudenken.

Mit gleicher Energie ausgerüstet wie Frau Starnotti, versuchten Frau Fredegunde Pisello in Pisa und Frau Professor Dr. Waltraud Schwarz in Bologna einen Stützpunkt für die Gemeinde aufzubauen. Frau Schwarz lehrte an der Universität und hat in der philosophischen Fakultät eine umfassende Arbeit über „Deutsche Dichter in Bologna. Bologna in der Deutschen Dichtung" veröffentlicht. In ihrem aufschlußreichen Werk berichtet sie auch über die Aufenthalte Martin Luthers in Italien. Luther reiste 1510 im Auftrag seines Ordens nach Rom. Er wird auf seinen beiden Reisewegen, die ihn u.a. über Mailand, Verona, Bologna, Bozen, Innsbruck und Augsburg führten, interessante Beobachtungen gemacht haben. Es kann auch mit Sicherheit angenommen werden, daß er auf der Hin und Rückreise in Florenz Station gemacht hat. In den Glossen aus zwangloser Runde, die seine Studenten im Nachhinein als „Tischreden" aufzeichneten, finden sich nur wenige Bemerkungen des Reformators über seine Italienreise. Aus Bologna, das seit 1506 zum Kirchenstaat gehörte, erinnert er sich an die Anekdote, daß Bologneser Studenten beim Papst um die Befreiung von den kanonischen Andachtsstunden gebeten, aber von Julius II. Bescheid erhalten hätten: *surge manius et ora citius (stehe früher auf und bete schneller)* Florenz ist wohl ein besonderes Thema in den Tischreden am 1. August 1538 gewesen. O. Scheel schreibt darüber in seinem Buch über Martin Luther 1936: „Den größten Eindruck machten ihm die Verwaltung und der Betrieb der Hospitäler in Florenz und des Findlingshauses an der Porta San Gallo, in der Nähe des ihn beherbergenden Klosters der lombardischen Augustiner Eremiten. 'Königliche' Ausstattung, treffliche Verwaltung, ausgezeichnete ärztliche Fürsorge, reichliche Ernährung, gewissenhafte, jede Ansteckung nach Kräften vorbeugende Wartung der Kranken und aufopfernde Pflege durch freiwillige Krankenpflegerinnen aus der Stadt rühmt er, der dies alles mit eigenen Augen in Florenz gesehen hat, mit warmen Worten. Nicht weniger die Verpflegung, Erziehung und 'väterliche' Fürsorge im Findlingshaus."

In Pisa hatte Frau Pisello in Stadt und Umgebung potentielle Gemeindeglieder entdeckt und mit der Existenz unserer lutherischen Kirche und ihrer Tätigkeit vertraut gemacht, und auf der Insel Elba kümmerte sich Konsul Zimmer um unsere Belange und Aufgaben.

Selbst in den schönsten und interessantesten Städten Italiens kann nicht, wie Urlauber oft erwarten, an allen Tagen die Sonne scheinen, auch nicht über Florenz und unserer kleinen Gemeinde. Ihr blieben Schlechtwettertage, hervorgerufen durch eigene Fehlentscheidungen, Mißverständnisse und Absagen - ein Mitarbeiter wechselte zu den Reformierten - nicht erspart. Sturmböen

und Unwetter aber hat es in ihr und auch in den Schwesterge-
meinden der ELKI nicht gegeben.

Unsere Synodaltagungen lassen sich mit denen der großen
Kirche nicht vergleichen, blieben aber immer ein hochwillkom-
mener, jährlich wiederkehrender Anlaß zu menschlichem, ge-
danklichem und geistlichem Austausch zwischen den einzelnen
Gemeinden und ihren Seelsorgern.

Schon von Dublin aus hatte ich im Mai 1967 an der Tagung in
Bordighera teilgenommen. Die Reise durch die Blütenpracht der
Riviera und die Fahrt entlang der Küste des Ligurischen Meeres,
besonders aber die verständnisvolle und hilfsbereite Zusammenarbeit der Synodalen ließen mich in den neuen Verhältnissen
schnell heimisch fühlen.

Nicht alle Tagungen blieben im Gedächtnis haften, aber un-
vergessen ist die von Bozen, Mai 1970, in deren Verlauf ich vom
Südtiroler Kulturinstitut zu einem Vortrag über das Thema:
„Gibt es einen Religionskrieg in Irland?" eingeladen wurde. Ein
Thema, das nicht nur in Irland auf bleibendes Interesse stößt. G.
Masoner von der Zeitung „Dolomiten" berichtete darüber: „Der
Vortrag machte deutlich, daß in Wirklichkeit die tragische Aus-
einandersetzung nicht religiöse, sondern politische Gründe hat.
Der Konflikt ist ein politisch-sozial-nationaler Streit. Der Vor-
tragende zeigte die Vorzüge und Schwächen des irischen Tem-
peraments auf und arbeitete die Gegensätzlichkeit der nüchtern
berechnenden Engländer und der impulsiven, phantasiereichen
Irländer heraus. Seine Prognose heißt: Die Kampftruppen von
protestantischer Seite (Vanguard) und die IRA von katholischer
Seite bringen sicher keinen Frieden. Interventionen von
kirchlicher Seite nützen wenig, da es um politische Gerechtigkeit
und Vernunft geht. Eine Lösung kann nur im Einvernehmen
zwischen Dublin und Belfast herbeigeführt werden."

Anläßlich einer Synode in Torre del Greco im Mai 1972 kann
ich noch von einem familienbezogenen Erlebnis berichten. In

Florenz wartete am Sonntagmorgen unser 14-jähriger Sohn Klaus-Dieter auf Herrn Pioppi, der mich vertreten wollte, aber plötzlich eine Schlaganfall erlitt. Klaus Dieter wandte sich an alle irgendwie erreichbaren Mitglieder des Kirchenvorstandes. Überall abschlägig beschieden, suchte er in seiner Verzweiflung auf Vaters Schreibtisch eine Predigt und begann den Gottesdienst, von dem er wußte, daß er nicht ausfallen durfte. Nicht ohne Stolz berichtete er telefonisch nach Torre del Greco, vergaß aber nicht zu erwähnen, daß seine Kollekte die meine vom vorigen Sonntag um ein Wesentliches übertroffen habe.

Die umsichtige und entschlossene Tat des jugendlichen Stellvertreters, zu der sich zwei zufällig mit ihren Gruppen in der Kirche befindliche Geistliche nicht hatten entschließen können, beeindruckte auch außerhalb der Gemeinde. Unter der Überschrift „Am Rande der Synode" schrieb das Kirchenblatt der ELKI: „Den Sonntagsgottesdienst in Florenz (der Pfarrer war auf der Synode) hielt der 14jährige Pfarrerssohn Dieter, nachdem der vorgesehene Lektor wegen Erkrankung kurzfristig absagen mußte."

Wie Klaus Dieter wurde auch unser Töchterchen Adelheid schon mit sieben Jahren zur Mitarbeit ermuntert, und hatte die jüngeren Kinder zu betreuen, die die Mütter für ihre Sitzungen mitbrachten. Adelheid war eine ausgesprochene Hundenärrin. Sie veranstaltete mit den Kindern Hundespiele, indem sie jeweils eins an die Leine nahm, das die andern mit „Wau-Wau" anbellen oder anspringen mußte. Die Kleinen spielten großartig mit und waren traurig, wenn sie Abschied nehmen mußten.

Auf der letzten Synode in Venedig im Mai 1974, an der ich teilnehmen konnte, war der Patriarch Albino Luciano hoher Gast, der nicht nach einem herzlichen Grußwort entschwand, sondern wie ein Bruder bei uns verweilte, unter dessen Ausstrahlung alle konfessionellen Differenzen in einer fühlbar größeren Gemeinschaft zweitrangig wurden. Später, als er als Papst

Johannes Paul I. in Rom nach nur einmonatiger Amtszeit plötzlich starb, glaubten nur wenige von den Italienern, die wir kannten, an einen natürlichen Tod.

Nach meinen Erfahrungen in Paderborn und Dublin lag mir die ökumenische Gemeinschaft durch einen schnellen Kontakt besonders am Herzen. Daß ich fast immer Amt und Dienst in der Diaspora führen durfte, scheint mir eine besonders freundliche Fügung, weil ich so immer zur Auseinandersetzung, aber auch zu Gespräch und Partnerschaft mit der katholischen Kirche geführt wurde. Was Hans Asmussen einmal sagt, scheint mir grundsätzlich wichtig: „Zur Bezogenheit unseres Bekenntnisses gehört es, daß es eine Anrede an die römische Kirche ist."

Ökumenischer Frühling

Von meiner Wahl in Florenz hatte ich auch in alter Verbundenheit Kardinal Jaeger in Paderborn in Kenntnis gesetzt. Kaum in Florenz erhielt ich von ihm einen sehr freundlichen und lieben Brief: „Im Anschluß an die Plenarkonferenz der deutschen Bischöfe in Fulda reise ich nach Rom, um an der Bischofssynode teilzunehmen. Dort treffe ich S. E. Cardinal Florit von Florenz und werde ihn empfehlend auf Sie aufmerksam machen. Das wirkt mehr als ein paar schriftliche Zeilen. Ich gratuliere Ihnen, daß Sie das neblige Dublin mit dem sonnigen Italien haben vertauschen können und wünsche Ihnen für Ihre neue Gemeindearbeit Gottes reichsten Segen. Mit freundlichem Gruß bin ich Ihr ganz ergebener Lorenz Card. Jaeger."

Mein Antrittsbesuch beim florentiner Kardinal Ermenegildo Florit verlief viel freundlicher und persönlicher, als ich zu hoffen gewagt hatte, und unser Verhältnis entwickelte sich in den folgenden Jahren so, wie ich es von Paderborn kannte und gewohnt war. Ein schwarzes Wolkenfeld am ökumenischen Horizont, wie es mir für die Arbeit in Italien vorausgesagt wurde, war nicht zu entdecken.

Das Verhältnis zur deutschen katholischen Gemeinde in Florenz, geleitet von dem Wohlwollen ausstrahlenden Monsignore

Bützler, und seiner liebenswürdigen aber auch energischen Schwester, war von Anfang an auf freundliche Nachbarschaft eingestellt. Es entwickelte sich bald recht geschwisterlich weiter, besonders Frl. Bützler gab uns gern ihre helfende Hand, etwa wenn sie in unserem Konfirmationsgottesdienst ihren schönen Chor mitwirken ließ. Auch der schmerzliche, plötzliche Tod ihres Bruders vermochte an dem guten Verhältnis nichts zu ändern, da Pater Gerhard Ruf, der seine Nachfolge antrat, genau wie Herr Bützler sehr ökumenisch eingestellt, die Zusammenarbeit zu fördern und zu vertiefen suchte.

In den ersten Tagen in Florenz hatten wir auf den Höhen von San Miniato gestanden und uns an Hermann Gregorovius erinnern lassen: „Von San Miniato muß man dies schöne Florenz betrachten." Einige Monate später gewann San Miniato unerwartet von einer ganz anderen Seite für uns überragende Bedeutung.

Ein junger anglikanischer Franziskaner hatte an einem unserer ersten Gottesdienste teilgenommen. Ihm verdanke ich den schnellen und herzlichen Kontakt mit der Kirche der Anglikaner, die in Florenz großes Ansehen genoß, wie überhaupt in der Stadt am Arno, nicht nur aus politischen Gründen, alles was aus England kam, besonderen Kurswert besaß. Einflußreiche Familien, auch alte Adelsgeschlechter hatten englische Verwandte. Das eigentliche und folgenreiche Verdienst Father Peters bleibt aber immer, daß er uns mit Abt Vittorino Aldinucci bekannt machte, der uns die Türen zu San Miniato öffnete.

„Padre Abate" war durch sein Charisma nicht nur in der katholischen Kirche, sondern in der gesamten Stadt eine hochangesehene Persönlichkeit. Er war in allen ökumenischen Fragen Berater von Kardinal Florit und vertiefte unser Verhältnis zu ihm. Recht bald lud ich Abate Aldinucci und Father Peter zu einem Gottesdienst am 19. Januar 1969 ein und bat den Abt, die Predigt zu halten. Er erwähnte in seiner italienisch-deutschen Ansprache, daß mit ihm seit der Reformation zum ersten Mal ein katholischer Priester in eine evangelisch-lutherische Kirche eingeladen worden sei, um dort zu predigen und zu beten.

Padre Abate durfte ich bald zu meinen guten Freunden rechnen und daher nach Luthers Erklärung als eine Gabe Gottes, für die wir, wie für das tägliche Brot, nicht dankbar genug sein können. Freunde wie Brüder? Eine Gabe Gottes? Amtsbrüder auch? Mit unsern Brüdern sind wir durch die Familie verbunden, mit den Amtsbrüdern durch den gemeinsamen Dienst, mit den Freunden durch eine schwer zu beschreibende, beglückende, wie in eine andere Dimension hineinreichende Gemeinsamkeit, die uns oft auf rätselhafte Weise zusammenführt und zusammenhält.

Abt Aldinucci, Bruder im geistlichen Amt, wurde darüber hinaus dem lutherischen Pfarrer zum lieben, stets hilfsbereiten Freund, der ihn mit den bis dahin unbekannten Lebensgewohnheiten des Klosters bekannt machte und wertvolle Einblicke verschaffte. Wie einst der Einfluß des schwedischen Botschafters in Dublin half in Florenz das Ansehen des Abtes zu guten Beziehungen mit den Behörden der Stadt u.a. mit dem Altbürgermeister Piero Bargellini, weltberühmt geworden durch Mut und Umsicht bei der Flutkatastrophe 1966, und seinem Nachfolger Avvocato Bausi. Die Zeit, in der sich das Verhältnis der Konfessionen von Ablehnung und Abwehr bestimmen lassen mußte, war auch in Italien noch nicht überall zu Ende gegangen, aber der Abt sorgte für ein gutes Verhältnis zu den katholischen Amtsbrüdern, auch zu userm Nachbarn von Santa Lucia, mit dem meine Vorgänger Schwierigkeiten gehabt hatten. Als unsere Gemeinde bei einem Ausbau des Dachgeschosses durch Architektin Frau Renate Staude seine Zustimmung für ein neues Fenster benötigte, konnte nur Padre Abate ihn zu einer positiven Antwort bewegen und auch in der Via dei Bardi einen ökumenischen Frühling auslösen.

Da Abt Aldinucci sich als Freund der gesamten Familie verbunden fühlte, aber meine Frau und die Kinder nicht in San Miniato einführen konnte, lud er sie zu den holländischen Benediktinerinnen ein, deren Spiritual er war. Die Eltern fühlten sich in großzügiger Gastfreundschaft verwöhnt und geborgen, und die Kinder vergnügten sich, von den Schwestern rührend umsorgt, in der ungewohnten Weite der klösterlichen Anlagen. Das „evangelische Pfarrhaus" sonnte sich in einem ungewohnten Glanz. Über alle Jahre der Trennung hinweg ist der Abt uns in Treue verbunden geblieben, auch jetzt noch in London, wo er im ökumenischen Weinberg, wie einst in Florenz, unermüdlich tätig ist. Seinen letzten Brief vom Sommer dieses Jahres schließt er in der alten Verbundenheit: „Let us praise the Lord. With every best wishes, united in prayers, yours sincerely old friend Vittorino Aldinucci."

Samuele Olivieri - ich hätte ihn längst erwähnen sollen - ist der zweite italienische Theologe, der mir zum Bruder und Freund wurde. Er ist Professor für Kirchengeschichte und lebt im Franziskanerkloster in Fiesole, von wo er einen herrlichen, weitumspannenden Blick auf den Dom und die Stadt hat. Auch seine Freundschaft schloß die Familie ein. die er, wenn sich die Möglichkeit ergab, auf den Fahrten zu seinen Klöstern mitnahm und mit den Sehenswürdigkeiten der Toscana vertraut machte. Unvergessen ist ein Ausflug über Arezzo, dem Geburtsort Petrarcas, nach dem Kloster „La Verna", in dem Franz von Assisi seine Stigmata empfangen haben soll. Bei der Besichtigung des Gebäudes erzählte der Professor mit unverhohlenem Schmunzeln eine erheiternde Begebenheit aus der jüngeren Vergangenheit: Deutsche Soldaten wurden während des Krieges in den Räumen des Klosters mit den besten Weinen traktiert, während man zur gleichen Zeit italienische Flüchtlinge geschickt versteckt halten konnte. Samuele Olivieri ist nicht nur mit deutscher Theologie vertraut, sondern auch ein Freund Deutschlands. Er hätte mich gerne als lutherischen Gesprächspartner, auch für seine theologischen Mitarbeiter, in Florenz behalten und war im Begriff eine lutherische Abteilung in seiner großen Bibliothek einzurichten, wobei ich ihm u.a. mit der „Realenzyklopädie für protestantische Theologie und Kirche" ein wenig helfen konnte. Als der Abschied unvermeidlich wurde, schrieb er zum Tag meines Weggangs „Beten wir, damit die Beziehungen zwischen den Christen immer mehr von den Gefühlen der Freundschaft, gegenseitiger Achtung und Vertrauen inspiriert werden."

Es war nicht sein letzter Brief. Vor wenigen Tagen bereitete er mir mit der Ankündigung seines Besuches in Baden-Baden eine kaum zu beschreibende Freude.

Eine ungewöhnlich gute und direkte Verbindung zu dem eigentlichen Zentrum der Franziskaner, dem Ort, wo Franziskus mit 25 Jahren allen irdischen Gütern entsagte, besaßen wir durch Pater Gerhard Ruf aus Assisi, dem Nachfolger des so plötzlich verstorben Pfarrers Bützler. Gerhard Ruf hatte gerade die Arbeit für sein großes Werk über die theologische Bedeutung der Fresken in der Oberkirche von San Francesco beendet. Mit ihm verband mich bald eine herzliche Freundschaft, die bis in die Gegenwart reicht. Ihm verdanke ich auch die Verbindung mit dem ökumenisch eingestellten Bischof Siri Silvestri aus Foligno. Bischof Silvestri überließ den Anglikanern und uns für unsere Gottesdienste die gerade renovierte Kirche San Gregorio in Assisi. Die Wiedereröffnung, an der auch der anglikanische Bischof von Fulham und Gibraltar J. R. Satterthwaite teilnahm, war ein besonderer ökumenischer Freudentag.

Aus einer anderen Ecke meines Bezirks war ebenfalls eine erfreuliche Nachricht gekommen. Bologna, das alte keltische Bononia, wurde mit dem Exarchat von Ravenna - etwa die heutige Romagna mit Rimini und den umliegenden Städten - 756 von dem Frankenkönig Pippin an Papst Stephan II. als Geschenk für den heiligen Petrus übergeben, und das Exarchat blieb mit relativ geringen Unterbrechungen bis 1860 ein Teil des Kirchenstaates. Noch heute ist das „Pontificio Seminario Regionale" direkt der päpstlichen Aufsicht und Verwaltung unterstellt. Sein Leiter ist Professor Filippo Di Grazia. Es war keine geringe Überraschung, daß Professor Di Grazia mit vierzehn seiner Seminaristen im Herbst 1971 in der Via dei Bardi vorsprach, um sich über die Chiesa Luterana in Italia zu informieren, obwohl auch schon früher gelegentlich florentinische Religionslehrer ihre Schüler aus konfessionskundlichen Gründen zu uns geschickt hatten. Es folgte dann im Gemeindesaal mit den bologneser Gästen ein herrliches Allround-Gespräch, bei dem sozusagen keine theologische Frage ausgelassen wurde, das sich aber bald auf die Hauptpunkte konzentrierte, und das damit endete, daß man mich in das Seminar in Bologna zu einem Referat über den 7. Artikel der Augustana (*De Coena Domini / Vom Heiligen Abendmahl*) einlud.

Auf der Fahrt zu diesem Vortrag im Januar 1972, zu der ich meinen 14-jährigen Sohn Klaus Dieter mitgenommen hatte, durchfuhr mich ein furchtbarer Schrecken, als unser Zug nach Bologna Florenz gerade verlassen hatte. Beim Griff in meine Tasche entdeckte ich, daß mein Manuskript zu Hause liegen geblieben war. Mit Hilfe meines Klaus Dieter gelang es, das Gerippe zu rekonstruieren und in kurz gefaßten Leitsätzen auf einem Papier behelfsmäßig festzuhalten. Der Nachmittag verlief dennoch mit Referat und anschließender offener Diskussion, Zölibat und Unfehlbarkeit eingeschlossen, wie erhofft, und klang mit einem so harmonischen Zusammensein aus, daß wir die freundliche Einladung. über Nacht zu bleiben, nicht ausschlagen mochten.

Die Gemeindeglieder bewegte seit langem die Frage, ob man das für den 3. Februar 1974 anstehende 75jährige Kirchenjubiläum festlich begehen oder auf sich beruhen lassen sollte. Da aus allen Gruppen und Kreisen nur eine Antwort zu hören war, ergab sich automatisch die ebenso wichtige Frage nach dem Wie des Feierns, ob im relativ kleinen gemeindlichen Rahmen oder in

Begrüßung von Kardinal Ermenegildo Florit und Abt Vittorino Aldinucci

Ökumenischer Bruderkuß in Assisi mit Bischof Siri Silvestri

großer ökumenischer Gesellschaft. Auch darauf gab es nur eine Antwort.

Nun gilt für eine solche Feier wie für sämtliche kirchliche Veranstaltungen, daß an Gottes Segen alles gelegen ist, aber es liegt in der Verantwortung der Gemeinde, die Voraussetzungen dafür zu schaffen. Dem in Organisationsfragen hocherfahrenen Kirchenvorsteher Hans Bachmann gelang es, alle Vorbereitungen zu koordinieren und in weitschauender Planung auch im Detail auszuarbeiten. Seinem Einsatz ist es zu danken, daß das 75jährige Jubiläum zu einem Erlebnis für den Einzelnen und zu einem bedeutsamen Ereignis in der Geschichte der Gemeinde werden konnte.

Unser Kirchmeister und zugleich Pressereferent Alfred Bachschmidt hat darüber im Kirchenblatt „Miteinander" so lebendig und eindrucksvoll berichtet, daß ich ihn hier noch einmal, auch aus persönlicher Dankbarkeit, zu Wort kommen lassen möchte: „Am Sonntag 3. Februar strahlte zwar keine Sonne vom regenschweren Himmel, aber in unsern Herzen war ein helles Licht, als von nah und fern so viele Freunde und hohe Gäste herbeiströmten, um mit uns das 75jährige Bestehen der evangelisch-lutherischen Gemeinde Florenz zu feiern. Jeder, der diese unvergeßlichen Stunden miterleben durfte, wird den feierlichen Anblick des blumengeschmückten Altars, an dessen Seite der hochbetagte, aber ungebeugte Kardinal Florit, der Präsident Wischmann vom Kirchlichen Außenamt und ihnen gegenüber im weißen Gewand der Benediktinerabt von San Miniato Vittorino Aldinucci und unser Pastor Mittorp saßen, für immer mit sich tragen: Ein Bild brüderlicher Eintracht der verschiedenen Konfessionen im wahrsten ökumenischen Sinn. In der Reihe der Ehrengäste saßen unter anderem der Sindaco von Florenz Avv. Bausi, der Senator Dr. Bargellini, der als „Sindaco dell' alluvione" in die Geschichte eingegangen ist, Prof. Olivieri, Pastor Lucchesi und verschiedene Vertreter anderer Kirchen. Nach dem Eingangslied und der Liturgie wurde vom Abt von San Miniato in deutscher Sprache das Evangelium verlesen, nachdem die erste Schriftlesung von Herrn Pfarrer Ruf, der die deutschsprachige katholische Gemeinde in Florenz betreut, vorgenommen wurde. Nach einer schlichten und eindrucksvollen gesanglichen Darbietung des Chors unseres Mütterkreises betrat Präsident Wischmann die Kanzel. Er wies darauf hin, daß Gottes Glanz über die Gemeinde scheine und es die Aufgabe dieser Gemeinde sei, etwas von diesem Glanz, trotz aller Schwierigkeiten, in diese dunkle Welt wieder auszuteilen. Nach der Predigt hieß Pastor Mittorp vom Altar aus die Gäste willkommen, und im Anschluß daran richtete der Kardinal herzliche Worte an die Gemeinde. in italienischer und deutscher Sprache und betonte, wie brüderliche Eintracht zwischen den verschiedenen Religionen bestehen kann. Zum Abschluß dieses so festlich verlaufenen Gottesdienstes wurde ein Gedenkstein für Pfarrer Dr. Eugen Lessing, dem Gründer der Gemeinde, im Beisein seines Sohnes Fritz Lessing in der westlichen Seitenwand der Kirche enthüllt und seiner Verdienste und seines Schaffens gedacht.

Unsere Gäste hatten sich nach dem Schlußgebet im Gemeindesaal versammelt, wo bei einer kleinen Stärkung Gelegenheit geboten war, sich kennen zu lernen und in eine Dokumentensammlung und in Fotografien Einsicht zu nehmen. Auch der Kardinal, der sich lebhaft für alles interessierte, mischte sich leutselig unter die dichtgedrängten Gäste und unterhielt sich mit jung und alt. Inzwischen war die Mittagsstunde längst überschritten worden und während sich einige Gäste verabschiedeten, wanderte der Rest, etwa 70 an der Zahl, ins nahe gelegene Ristorante „Il Fagiano" zu einem fröhlichen Festessen. "

Der Berichterstatter der „Nazione" überschrieb seinen ausführlichen Artikel über unser Jubiläum: „Ceremonia ecumenical" und führte aus: „Era presente al rito il cardinale Florit, che, con cordiali parole, ha messo in risalto la fraterna convivenza delle diverse chiese: la sua presenza rappresenta un avvenimento memorabile dal punto di vista ecumenica, poichè il cardinale si è rivolto ai fideli in una chiesa luterana." (Beim Gottesdienst war auch der Kardinal Florit anwesend, der mit herzlichen Worten das brüderliche Nebeneinander der verschiedenen Kirchen hervorhob. Seine Teilnahme beim Festgottesdienst ist ein umso denkwürdigeres Ereignis in der Ökumene, weil sich der Kardinal in einer lutherischen Kirche an die Gläubigen wandte.) Der Rezensent hat wohl gespürt, daß es um mehr ging als um das gut nachbarschaftliche Nebeneinander der Gemeinden, wie es heute fast überall selbstverständlich ist. Er sah bei uns eine Gemeinschaft verwirklicht, die die vorgegebenen Grenzen zwar nicht ganz aufhob, aber bewußt in den Hintergrund treten ließ.

Es freut meine Frau und mich, daß wir mit den Freunden unseres Jubiläums in Verbindung geblieben sind, auch mit denen, die nicht mehr unter uns weilen, wie u. a. Alfred Bachschmid, Hans Bachmann, Ermenegildo Florit und Adolf Wischmann. Wir wissen uns mit ihnen in einer sich auf Christus gründenden Gemeinschaft, die das irdische Leben überdauert, auch wenn wir nicht wissen, wie sie sich im einzelnen verwirklichen wird.

Es wird vielleicht auch noch die Todesstunde
Uns neuen Räumen jung entgegensenden,
Des Lebens Ruf an uns wird niemals enden.
(Hermann Hesse)

Dieses uns immer wieder bewegende Rätsel haben zwei Mönche in bemerkenswerter Weise auf ihre Art auszudrücken versucht: Im schattigen Klostergarten wandelnd, beschäftigen sie sich mit der Dauer ihrer Gemeinschaft und wissen auf die Frage, was nach dem Tode sein wird, keine rechte Antwort, malen sich aber die Ewigkeit in schönen Farben aus. Schließlich kommen sie überein, daß derjenige, der zuerst stürbe, dem anderen, auf welche Weise auch immer, eine Antwort zukommen lassen solle. Sei es so, wie sie es glaubten, genüge das Wörtchen *taliter*, sei es anders ein *aliter*. Wochen und Monate vergeblichen Wartens verstreichen ohne jedes Zeichen, bis schließlich dem Überlebenden in einem Traumgesicht die ganz unerwartete Botschaft zuteil wird: *totaliter aliter*.

Schon bei der Jubiläumsfeier waren Wünsche laut geworden, unsere florentiner Zeit zu verlängern, aber wenn die 65 Jahre erreicht sind, ist der „Ruhestand" unausweichlich. Das Abschiednehmen von Amt und Dienst war für uns alle ein schmerzlicher Verlust, bedeutete er doch die Trennung von Kirche und Gemeinde, ihrem Vorstand, ihren Gruppen und Mitarbeitern und dem Mütterkreis, von dem so viele schöne Impulse ausgegangen waren, bedeutete auch den Abschied von vielen Freunden außerhalb der Gemeinde und der geliebten Stadt Florenz.

Abschied macht auch Fehler sichtbar, die begangen wurden, und die man jetzt vermieden wünschen würde. Jedem Abschied haftet darüber hinaus auch etwas Endgültiges und Unwiederbringliches an, erinnert an den letzten großen Abschied, wenn wir mit leeren Händen vor unserem Herrn stehen und doch bekennen dürfen:

Dann mit neuem Klingen
jauchz' ich froh Dir zu,
nichts hab ich zu bringen,
alles, Herr bist Du.
(C.A.F. Krummacher)

Der festliche Abschiedsgottesdienst am 29. September 1974 war freilich ganz auf Loben und Danken abgestellt. Dekan Enge aus Triest hielt eine bewegende Abschiedpredigt über Epheser 3, 14, dann bei dem anschließenden Empfang im Gemeindesaal noch einmal eine launige Ansprache, gefolgt von der unseres Kirchenvorstehers Hans Bachmann, der als Zeichen des Dankes der Gemeinde uns ein Gemälde der Stadt Florenz überreichte. Dieser Blick auf die Stadt und den Monte Morello ruft uns täglich die florentiner Jahre in schöne Erinnerung.

Unsere Kinder hatten sich so an die italienischen Verhältnisse gewöhnt und waren in ihnen groß geworden, daß sie, freilich nicht in ihrem Aussehen, aber in der Sprache mit Italienern verwechselt werden konnten. Paolo Berardengo schreibt in seinem Artikel auch über Adelheid: „La piccola Adelaide, una tedeschina che passa co la piu naturale indifferenza dal tedesco ad un toscano incredibilmente accentuato." (Die kleine Adelheid, eine Deutsche, die mit größter Leichtigkeit vom Deutschen in ein unwahrscheinlich gutes Toskanisch wechselt.) Klaus Dieter war noch tiefer verwurzelt. Er holte sich später seine Frau aus Italien, die uns mit zwei lieben und hübschen Enkeltöchterchen beschenkte. Auch meine Frau und ich ließen Florenz mit all seinen Schätzen wie eine geliebte Freundin zurück, und sie ist eine Freundin geblieben, die mit Charme und Schönheit uns immer von neuem anzieht.

Arriverderci Firenze!

Die Wahl unseres Ruhesitzes hatte unsere Verwandten und Freunde in Deutschland überrascht. Die Lösung unserer Wohnungsfrage war uns auf recht ungewöhnliche Weise zugefallen. Sie begann an einem Abend in Florenz, als wir mit guten Freunden beim Chianti zusammensaßen. Thema unseres Gespräches war, wie so oft in diesen Tagen, unsere Zukunft in Deutschland. Wir liebäugelten mit Bonn, wo Mutter und Geschwister lebten, aber auch mit Münster, Soest, Hamburg und München. Wir besprachen Licht- und Schattenseiten der einzelnen Städte, als wir plötzlich vor die Frage gestellt

Bad Säckingen

wurden, ob es denn auch Säckingen sein könnte. Wir hatten bisher von diesem Ort nur in der Verbindung mit Scheffels Trompeter gehört.

Der schnell herbeigeholte Atlas gab zuverlässige Auskunft. Die Stadt lag äußerst günstig an der Grenze zur Schweiz in der denkbar kürzesten Entfernung zu unserem geliebten Florenz, mit dem wir in ständiger Verbindung bleiben wollten. Unser Freund überraschte uns mit der Bereitschaft, trotz später Stunde in Säckingen anzurufen. Die Wohnung war noch frei, stand aber unmittelbar davor, vermietet zu werden und machte sofortiges Handeln notwendig. Am übernächsten Tag standen wir in der Wohnung in Säckingen, um sie zu besichtigen. Sie lag günstig dem Gymnasium gegenüber, für den Schulweg unserer Kinder von erheblicher Bedeutung, gefiel uns im übrigen auch in jeder Hinsicht. Da auch der Mietpreis erträglich war, mieteten wir kurzentschlossen an Ort und Stelle. Wir fühlten uns von allen Wohnungssorgen befreit und kehrten hocherfreut nach Florenz zurück.

Säckingen durfte noch nicht das „Bad" in seinem Namen führen, genoß aber als hervorragendes Heilbad gegen alle Rheumakrankheiten bundesweit großes Ansehen.

Der Hinweis, daß Fridolin, der Gründer von Kirche und Kloster in Säckingen, aus Irland gekommen war, weckte in uns spontane Sympathiegefühle, ebenso auch die Überlieferung, daß schon die Väter des Konzils von Basel in den heilenden Wässern zu Säckingen Erholung und Gesundung erhofft hatten. Nicht zuletzt war uns wichtig, daß es an der Waldshuterstraße eine kleine evangelische Kirche gab. Die freundlichen Pfarrersleute Traudel und Gerhard Schärr halfen uns, zuverlässig informiert und heimisch zu werden.

Jenseits der Grenze fanden wir bald den Weg zur lutherischen Kirche in Basel, in der mich Pfarrer Beltinger schnell um eine notwendig werdende Vertretung bat. Die Vertretungen fanden ihre Fortsetzung auch unter seinem Nachfolger von Schroeder und machten uns mit den kirchlichen Verhältnissen in der Schweiz vertraut, führten auch zur Mitarbeit an dem Kirchenblatt „Lutherische Beiträge für die Schweiz".

In der Gemeinde begegnete ich dem Professor für Geschichte von Ungern-Sternberg, der mir in großer Freundlichkeit die Benutzung der reichhaltigen Bibliothek des historischen Seminars ermöglichte und damit einen Wunsch erfüllte, den ich seit den Tagen in Irland mit mir herumtrug, aber wegen meiner dienstlichen Verpflichtungen mir nicht hatte erfüllen können.

Ein in Irland lebender Graf Tolstoi hatte mir seinerzeit erzählt, daß sich unter seinen Ahnen ein westfälischer Pastorensohn aus Bochum befände. Jetzt schien mir die Zeit gekommen, die historischen Forschungen aufzunehmen, aber mit der Ruhe im Ruhestand war es vorbei. Mein Weg führte immer wieder in die Bibliothek nach Basel und dann nach Bochum zum Stadtarchiv in der Arndtstraße und zum Heimatmuseum in der Wasserburg Kemnade. Es bleibt unvergessen, wie sehr mich Superintendent Wolfgang Werbeck und Direktorin Hannelore Kamps beraten und unterstützt haben.

Heinrich Friedrich Johann Ostermann, geboren am 9. Juli 1687, war der Sohn des Bochumer Pfarrers Johann Konrad Ostermann und seiner Frau Ursula Wittgenstein, Witwe des Bürgermeisters Dr. Sölling in Bochum.

Wie Ostermann in die Nähe des Zaren Peters I. kam, wie der Monarch auf ihn aufmerksam wurde, darüber gibt es zwar keine Klarheit, aber einige schöne Geschichten. Eine davon erzählt, daß bei einer wichtigen Besprechung in der Admiralität der Dolmetscher ausgefallen sei. In dieser Verlegenheit habe Admiral Cornelis Cruys aus den Niederlanden, der Ostermann nach Rußland gebracht hatte, ihn dem Zaren als Sekretär empfohlen. Der Zar sei auf den Vorschlag eingegangen, und der junge Ostermann habe seine Aufgabe, besonders im eleganten Umgang mit der russischen Sprache, so geschickt erfüllt, daß Peter ihn in einem impulsiven Entschluß zu seinem Geheimsekretär ernannt habe.

Ostermanns erster Biograph Christian Friedrich Hempel berichtet über das Verhältnis des Zaren zu seinem neuen Mitarbeiter: „Nach vielfältigen Proben der befundenen Lebhaftigkeit, Treue und Geschicklichkeit unsers Ostermanns, verbesserte er nicht allein, von Zeit zu Zeit, dessen Ehren-Aemter und Besoldungen; sondern er wurde auch gar bald einer der Vertrautesten des Czaars; so, daß er ihm die allergeheimtesten Staats-Sachen ohnverwalten lies." Ostermann war damals erst ganze 23 Jahre alt. Er gehört zu den bedeutendsten Deutschen, die je in Rußland eine politische Rolle gespielt haben. Er wurde Vizekanzler, Großadmiral, Baron und Graf. Sein größter Erfolg war der Friede zwischen Schweden und Rußland zu Nystad 1721, der ausschließlich seinem Verhandlungsgeschick zu verdanken ist.

Ostermann war weder beim Volk noch in adligen Kreisen beliebt, war auch in mancherlei Intrigen verwickelt, genoß aber in allen Schichten eine unangefochtene Hochachtung wegen seiner Unbestechlichkeit. Einer seiner Nachkommen aus der Familie Tolstoi berichtet darüber: Kaiser Karl VI. habe ihn durch seine

Nichte, eine Prinzessin von Bayern, die privat in Petersburg weilte, zu bestechen versucht: „Approach Ostermann privately, hand him 10.000 goldroubles and a promissory note to a yearly „pension" of 10.000 roubles." Ostermann habe die Prinzessin gebeten, dem Kaiser die Pensionsgarantie und die Goldrubel zurückzureichen und ihm zu berichten, Ostermann mache seine Politik aus Überzeugung und in keinem Falle für Geld.

Im November 1981 lernten wir die Bibliothekarin Maaja Laakoonen aus Kuopio in Finnland kennen. Sie versprach mir, alle russischen Nachschlagewerke auf den Namen Ostermann hin zu untersuchen und mir die Kopien zu senden. Allein das biographische Wörterbuch der Sowjetunion widmete dem Grafen Ostermann fast 12 Seiten. Ich machte einen Versuch, russisch zu lernen, um wenigstens die Hauptsache verstehen zu können. Es drängt mich, die Noblesse der Universitätsbibliothek in Helsinki zu erwähnen. Die Antwort aus Helsinki vom 2. September 1982 lautete: „Hiermit sende ich Ihnen Kopien, von welchen Sie hoffentlich Nutz haben. Die Kopien bekommen Sie kostenlos. Hochachtungsvoll, Frau Marja-Leena Strandström Bibliothekarin". Bei der Fülle des Materials bat ich aber doch die aus Rußland stammende Dolmetscherin Frau Narkevich aus Säckingen um Übersetzung. Es fügte sich gut, daß mein Freund Kurt Schleucher von der Martin Behaim-Gesellschaft in Darmstadt mich vor Monaten um einen Beitrag für seine Reihe: „Deutsche unter anderen Völkern" gebeten hatte.

Er veröffentlichte meine Arbeit über den Grafen Ostermann mit der von Alois Mertes über Friedrich Joseph Haas und der von Dieter Cancrin unter dem Titel: „Drei Deutsche in Rußland" 1983 im Turris-Verlag. Das Buch fand nicht nur bei Rußlanddeutschen und Rußlandkennern ein gutes Echo. Dr. Günther Nufer, Bürgermeister von Bad Säckingen, lud einen interessierten Kreis zur Buchpremiere in das Trompeterschloß ein: „Nach einer Einführung durch den Herausgeber Kurt Schleucher, Präsident der Martin-Behaim-Gesellschaft Darmstadt, wird der in Bad Säckingen ansässige Pfarrer H. D. Mittorp aus seiner Ostermann-Biographie lesen. Anschließend darf ich Sie zu einem Empfang der Stadt mit Wein und Signierstunde bitten."

Das Trompeterschloß, im 17. Jahrhundert von den Freiherren von Schönau erbaut, gehört neben dem Fridolinsmünster zu den Sehenswürdigkeiten der Altstadt, weil es den Hintergrund abgibt für eine romantische Liebesgeschichte, mit der Joseph Victor von Scheffel in seinem „Trompeter von Säckingen" seine Generation begeistert hat.

Mit dieser großartigen epischen Dichtung reagierte der Dichter, nachdem er sich in das sonnige Italien abgesetzt hatte, auf die Unzufriedenheit mit seinen beruflichen Verhältnissen, vielleicht auch eine eigene unglückliche Liebe. Zwei Liebesaffairen von ihm sind bekannt ebenso wie seine Behördenkritik, die er mit den Bauern des Hotzenwaldes teilte. Ihre Unzufriedenheit hatten sie an den Wänden des Amtshauses deutlich gemacht: „Allmächtiger Vater, schenk doch den Amtsherren einen besonderen Verstand, daß sie bürgerliche Rechtpflege besser führen" oder: „Lange warten müssen macht zornig" oder: „Eine Republik wär halt doch das allerbeste."

Scheffel erfuhr im deutschsprachigen Raum schon zu seinen Lebzeiten mancherlei Ehrungen, wurde, wie u.a. auch in Heidelberg und Karlsruhe ebenso in Säckingen Ehrenbürger. Die Wirkungen und Spuren seines literarischen Schaffens finden sich entlang des Hochrheins.

Auf Anregungen Scheffels geht auch die Gründung der Gesellschaft „Walfischia" zurück, deren Ehrenmitglied er wurde. Die Gründung erfolgte in seiner Abwesenheit am 23. Oktober 1876 im „Schwarzen Walfisch" an der Ecke Rheinbrück- und Rheinbadstraße einem Lokal, das wie auch die von ihm gegründete Gesellschaft, einem der bekanntesten Studentenlieder Scheffels seinen Namen verdankt. Seit 1923 hat die „Walfischia" ein noch älterer Tradition sich erfreuendes Versammlungslokal in dem ehemaligen Gerichtssaal der Fürstäbtissinnen von Säckingen, die im Rang einer Landesfürstin bis 1806 ihr Gebiet regierten. Die Embleme an der historischen Stuckdecke erinnern an die Machtfülle der adligen Damen. Das gesellschaftliche Leben wurde auch für Walfischia durch den ersten Weltkrieg unterbrochen. Unter der Naziherrschaft der Freimaurerei verdächtigt, behindert und aufgelöst, konnte die Gesellschaft erst 1951 zu neuem Leben erwachen und aufblühen.

Zur Mitgliedschaft aufgefordert und durch die übliche Kugelung bestätigt, wurde ich ein „Wal", da mir die drei Leitmotive: Geselligkeit, Freundschaft und Humor ohne Rücksicht auf politische oder konfessionelle Gegensätze für unsere Gegenwart nicht überholt erschienen. Je länger desto mehr schrieb ich ihnen erstaunliche Aktualität zu, so daß ich sie in der Festansprache zum hundertjährigen Jubiläum zur Diskussion stellen wollte und fragte: „Hat unsere Walfischia mit ihren Idealen auch im Zeitalter der Atome und Computer noch einen Sinn, oder gehört sie als antiquiert und obsolet ein Stockwerk tiefer in das Museum unserer Stadt? Hier sollten wir uns um eine klare Antwort mühen. Cicero nennt einmal jede echte Freundschaft ein Stück Ewigkeit. Wenn dieser alte römische Denker mit seiner transzendenten Deutung recht hat, dann heißt das doch, daß unser Leben durch die Freundschaft eine neue Dimension gewinnt, die eine Freiheit von Zwängen und Überfremdungen bedeutet und einen Spielraum ermöglicht, in dem man sich entspannen und vielleicht sogar seine Identität finden oder bestätigen kann. Anregende und vielseitige Gespräche, Kommersbuch, Gesang und Comment wären dann Pharmaka gegen Streß, Egozentrismus, tierischen Ernst und andere Krankheiten des modernen Menschen. Das eigentliche Heilmittel aber, das Pharmakon fortissime, wäre und bliebe doch das, was die Väter als drittes Leitmotiv neben

Fridolinsmünster über dem „Goldenen Knopf" in Bad Säckingen

Vortrags- und Diskussionsabend mit Prof. Dr. Roman Herzog

Freundschaft und Geselligkeit herausstellten, der Humor. Ohne ihn wird jede Geselligkeit bald steril."

Der Säckinger „Südkurier" berichtete über den Schluß meiner Ausführungen nicht ohne Humor: „Wale sind über alle Maßen gesellige Tiere, die in Rudeln auftreten und von einem starken Oberwal geführt werden, dem auch von Seiten der Damen größte Verehrung entgegengebracht wird. Trotz ihres furchterregenden Gesanges sind sie sehr wohlwollende Tiere. So skizzierte Wal Mittorp, im bürgerlichen Leben evangelischer Pfarrer a.D., in seiner humorvollen, hintergründigen Festrede die „Wale", deren zweibeinige Abart das 100jährige Bestehen ihrer Gesellschaft feierte."

Einige unserer Freunde aus der Walfischia hatten ihren Wohnsitz in der gegenüberliegenden Schweiz, wie es ja auch kaum jemanden in Säckingen gab, der nicht Verwandte, Freunde oder Bekannte jenseits des Rheins gehabt hätte. Auf beiden Seiten fühlten sich die Menschen in einer alle Schranken überwindenden Verbundenheit, die in dem jährlichen Brückenfest ihren begeisternden Höhepunkt fand.

Einmal im Jahr wollte man sich an die großen Zeiten gemeinsamer Geschichte unter der Herrschaft der Säckinger Äbtissinnen erinnern lassen, die sich seit 1307 unter Elisabeth von Bußnang Fürstäbtissinnen nennen durften. Ihr Gebiet umfaßte auf Schweizer Seite nicht nur das Fricktal, sondern auch Bereiche am Zürcher- und Walensee, sowie in der Ostschweiz das Land Glarus, das noch heute in seinem Siegel und Wappen den Gründer Säckingens St. Fridolin führt.

Alle Tage aber war kein Brückenfest. Normalerweise unterlag der immer sehr lebhafte Verkehr über die alte Brücke, die längste überdachte Holzbrücke Europas, 1570-81 erbaut, den meist freundlichen, aber hinderlichen Kontrollen.

An den von Hitler entfesselten schrecklichen Krieg wollte sich auf beiden Seiten niemand gerne erinnern lassen. In ihm war jeder private Verkehr unterbunden. Eine Säckinger Freundin erzählte uns, sie habe nicht einmal zur Beerdigung ihres Vaters in die neutrale Schweiz gedurft und den Trauerzug zum Friedhof nur vom deutschen Ufer aus mit ihren Tränen und Gebeten begleiten können.

Daß man auf Juden, die das rettende andere Ufer im Dunkel der Nacht schwimmend erreichen wollten, sogar von beiden Seiten geschossen habe, erfuhren wir bei einer zufälligen Begegnung mit einem in der Schweiz beheimateten Bauern, der - immer noch empört und beschämt- uns darüber aus eigenem Erleben berichtete.

Aller militärischen Absperrung trotzend gab es auch während des Krieges eine Brücke des Geistes, die die Heimatkundler auf beiden Seiten des Rheins zusammenhielt: Die Fricktalisch-Badische Vereinigung für Heimatkunde. Nach dem Kriegsende lud die Gesellschaft, die nie ihren Doppelnamen geändert hatte, die Heimatfreunde im Badischen ein, sofort die gemeinsamen Aufgaben in historischer und archäologischer Forschung wieder aufzunehmen. Unter den Kollektivmitgliedern befanden sich die Landratsämter von Lörrach und Waldshut, dazu kamen etwa 50 Einzelmitglieder, zu denen auch wir uns rechnen durften. Prof. Dr. Rolf Wetzel hatte uns in die Vereinigung eingeführt.

Er und seine immer hilfsbereite Gattin waren uns schnell liebe Freunde geworden, die uns die Anfangsschwierigkeiten in Säckingen überwinden halfen. Daß wir Hotzenwald und Jura vor allem durch Wanderungen kennen und lieben lernten, haben wir den beiden zu danken. Sie luden uns darüber hinaus zu gepflegter Geselligkeit in ihr schönes und gastliches Haus, um uns auch mit ihren Freunden bekannt zu machen.

Unser interessant und vielschichtig zusammengesetzter Freundeskreis wurde ergänzt und bereichert durch die Beziehungen unserer Kinder, die jetzt zum ersten Mal mit deutschen Altersgenossen die Freuden und Probleme des Erwachsenwerdens zu erfahren und erproben hatten. Klaus Dieter bereitete sich auf sein Abitur vor und hatte große Pläne für den Start in die lockende weite Welt. Adelheid sang im Jugendchor der Säckinger Kirchengemeinde und war mit ihren Freunden auf dem Reitplatz des Gutes Schönau zu finden.

Auch wir waren in Säckingen heimisch geworden, hatten die schöne Umgebung erwandert, aber die Gefilde der Politik, die uns wegen unseres langen Auslandsaufenthaltes bisher unzugänglich gewesen waren, hatten uns bisher noch nicht einmal zu einem Spaziergang verleiten können.

Im Raum der Politik erging es mir wie in anderen Bereichen auch, daß ich mich unerwartet und absichtslos vor eine Aufgabe gestellt sah, deren nicht einfache Lösung mich zu verlocken begann. Der damalige Justizminister Dr. Traugott Bender hatte mich gefragt, ob es für mich reizvoll sein könnte, eine Gruppe des Evangelischen Arbeitskreises (EAK) der CDU im Kreis Waldshut ins Leben zu rufen. Er halte eine solche Gründung für dringend erforderlich. Ohne lange zu überlegen, auch ohne es eigentlich richtig zu wollen, erklärte ich aus dem Augenblick heraus, ich sei bereit, falls der Minister

Evangelischer Arbeitskreis

zu der Gründungsversammlung kommen und mir helfen würde. Spontan antwortete auch Dr. Bender, er werde kommen, ich könne mich auf ihn verlassen.

Politisch aktiv. Sollte denn dem Ruheständler erlaubt sein, was dem Pfarrer versagt ist, fragte ich mich im Nachhinein. Gewiß sind grundsätzlich auch dem Pfarrer politische Aufgaben gestattet, aber weil er allen Gemeindegliedern verpflichtet ist, scheint es mir richtig, oft auch notwendig, daß er auf politische Aktivitäten verzichtet oder aber sein geistliches Amt ruhen läßt, wenn er politisch aktiv werden will.

Der Evangelische Arbeitskreis war im Kreis Waldshut noch unbekannt. Die CDU galt hier als katholische Partei. Sie hatte sich aber bei ihrer Gründung auch als eine Partei verstanden, die katholische und evangelische Christen zu gemeinsamem Handeln führen wollte.

Um die evangelische Position zu betonen, hatten sich evangelische CDU-Politiker im Beisein und mit Unterstützung von Bundeskanzler Konrad Adenauer zu einem Arbeitskreis zusammengeschlossen, der zunächst in Siegen für die Bundesrepublik begründet wurde und dann in vielen anderen Städten Nachahmung fand. In Baden-Württemberg war Justizminister Bender der Landesvorsitzende.

Traugott Bender stand zu seiner Zusage. Über 50 Teilnehmer hatten am 30. August 1976 der Einladung zur Gründungsversammlung im Hotel „Goldener Knopf" Folge geleistet. Landrat Dr. Norbert Nothelfer leitete die Wahl des Kreisvorstandes. „Vorsitzender wurde Pfarrer i. R. Hans Dieter Mittorp, ihm wurden sechs Beisitzer zur Seite gestellt: Reinhold Schlönvogt, Säckingen, Manfred Kitzler, Lörrach, Monika Hege, Säckingen, Jürgen Nehls, Wehr, Markus von Diemer, Waldshut und Helmut Hail, Jestetten." Dr. Bender hielt das Grundsatzreferat über die politische Verantwortung des Christen: Es könne durchaus, so Bender, zu einer Konfrontation von Christ und Politiker kommen. Doch ein christlicher Politiker müsse wissen, daß es nie eine christliche Politik als Ideologie gebe. Eine große Gemeinschaft könne nur dann wirklich etwas erreichen, wenn auch die kleineren Gemeinschaften stimmen. Es dürften also nicht die Verantwortung, die Initiative und die Möglichkeiten des einzelnen unterdrückt werden." (Südkurier)

Der Vorsitzende skizzierte seine Vorstellungen von der praktischen Arbeit, indem er das „A" im Namen als anregend - aktiv - attraktiv definierte. So müsse der EAK sich darstellen. Das „C" im Namen der Partei dürfe nie Anspruch, müsse aber immer Verpflichtung sein.

Die erste Vorstandssitzung erbrachte einen erfreulichen Grundkonsens über Aufgaben und Zielsetzung in nächster Zukunft und ermöglichte eine einheitliche Beschlußfassung. Wir verständigten uns darauf, daß der Referent für den ersten öffentlichen Vortragsabend nicht in unserem eigenen Wahlkreis gesucht werden sollte. Unsere Wahl fiel auf den MdB Dr. Wolfgang Schäuble aus dem benachbarten Ortenaukreis.

Dr. Schäuble sprach dann am 3. Februar 1977 in dem trotz der vielen Fastnachtsveranstaltungen vollbesetzten Raum des Hotels „Goldener Knopf" zu uns über das Thema: „Die Herausforderung einer freiheitlichen Politik" und traf damit auch ein Grundanliegen unserer Überlegungen. Wir wollten nicht Mitläufer mit oder Statisten in der CDU sein, sondern uns in eigener, verantwortlicher Entscheidung für die gemeinsamen Ziele einsetzen können. Zum Mitmachen waren auch Freunde -nicht zur CDU gehörend - herzlich eingeladen.

Einzelheiten des interessanten Vortrags von Dr. Schäuble habe ich völlig vergessen, aber ein Satz ist haften geblieben, eigentlich eine Randbemerkung, die an Aktualität nicht verloren hat: „Wir können nicht in der Bibel nachlesen, wie das Rentenproblem zu lösen ist."

Unter den namhaften Referenten, die uns in den folgenden sieben Jahren wissenschaftliche oder politische Vorträge hielten, möchte ich den damaligen baden-württembergischen Innenminister Prof. Dr. Roman Herzog besonders erwähnen. Sein Thema war: „Die CDU und die Friedensbewegung." Als ich ihn der Versammlung vorstellte, hatte ich das Gefühl, daß ich neben mir einen Mann hatte, den ich wie einen guten Kameraden empfand, aber dem ich nicht „auf die Schulter klopfen" konnte, weil ihn trotz aller Verbindlichkeit eine distanzierende Aura umgab. Ihr ist es wohl auch zu verdanken, daß die an seinen Vortrag anschließende harte Diskussion mit den opponierenden Vertretern der Friedensinitiative, die der CDU im Hinblick auf den Nato-Doppelbeschluß mangelnde Friedensbereitschaft vorwarf, nicht ausuferte.

Auf einer Sitzung des Landesvorstandes, dessen Mitglied ich war, konnte ich meinen alten Freund Prof. Dr. Wilhelm Hahn für ein Referat bei uns über seine neuen Aufgaben gewinnen. Er war nach vierzehn Jahren als Kultusminister in Stuttgart Mitglied des Europaparlaments geworden und berichtete uns in einem großangelegten Vortrag über die Verhältnisse in und um Straßburg. Ich freue mich heute sagen zu können, daß wir wenig später auch seinen Nachfolger, Prof. Dr. Klaus von Trotha, damals noch Vorsitzender des Landtagsausschusses für Wissenschaft und Kunst, in einem umfassend informierenden Vortrag über „Jugendproteste, eine Heraus;forderung an unsere Gesellschaft", bei unserm EAK im „Goldenen Knopf" hören konnten.

Ein sehr positives Echo fand auch der Vortrag des schwedischen Attaches Eric Albertsson über „Krieg und Frieden". Die schwedische Botschaft in Bonn hatte ihn uns vermittelt. Der Bericht an den Kreisverband 1982 hält noch folgende Vorträge fest: 2. 7. 1980, Dr. W. Schäuble Über Olympiaboykott; 22. 1. 1981 Justizminister Dr. Eyrich Über Asylrechtsfragen; 26. 3. 1981 MdB W. Dörflinger Über Aktuelles aus Bonner Sicht; 26. 1. 1982 Bundeswehrpfarrer G. Pfefferle Über ethische Grundlagen unserer Verteidigung.

Die Veranstaltungen waren immer gut besucht und lösten jedesmal anregende und lebhafte Diskussionen pro und contra aus. Sie wurden nie unterbrochen oder gestört bis auf ein einziges Mal, als ein uns unbekannter Gast mit unpassenden Bemerkungen Unruhe hervorrief: Aus dem Bericht des Südkurier: „Heimlich eingeschlichen": „Immer wieder unterbrach ein junger Mann auf der Versammlung des evangelischen Arbeitskreises der CDU den Redefluß von Justizminister Dr. Eyrich. „Ich wollte ... ich meine, daß ... kamen immer wieder die unvollständigen Zwischenbemerkungen. Dann rief er die Bedienung, um zu zahlen, rutschte nervös auf seinem Stuhl hin und her und nahm aufgeregt einen Schluck aus seinem Weinglas. Schließlich wurde die Unruhe des jungen Mannes Dr. Eyrich zu viel. „Wenn Sie Fragen haben, schreiben Sie sich die Probleme auf. Dann, kann ich sie nach meinem Vortrag beantworten." Doch den Besucher schien dieser Vorschlag nicht zufrieden zu stellen. Von den andern Besuchern kamen schon Zwischenrufe Ruhe, pst .... Auch Dr. Eyrich wurde zunehmend nervöser. Handelte es sich um einen Besucher, der die Versammlung gezielt stören wollte? Doch dann platzte der junge Mann in die allgemeine Unruhe mit einem Bekenntnis heraus: „Ich habe mich in diese Versammlung nur eingeschlichen", gestand er stockend. „Ich möchte ein Autogramm von Herrn Justizminister Dr Eyrich." Der Besucher bekam sein Autogramm, sogar mit persönlicher Widmung, trank seinen Wein in Ruhe aus und ging nach Haus."

Der Kreisverband der CDU gab uns für unsere Arbeit bereitwillige Unterstützung. Wir beteiligten uns auch einmal an einer Ausstellung der CDU in Waldshut, die erhebliche Vorarbeiten einschloß. Ein Bücher- und Schriftentisch bot die Möglichkeit, Einblick in die wissenschaftliche Arbeit des EAK zu nehmen, dazu gab es ausführliche Gesprächsmöglichkeiten für Jung und Alt, an denen wir uns rege beteiligten.

Der Kreisverbandsvorsitzende Emil Zeller nahm an unseren Versammlungen fast immer teil. Unser Verhältnis zu ihm war so gut, daß wir uns gegenseitig und freundschaftlich die Wahrheit sagen und auch schreiben konnten. Etwa nach einem Kreisparteitag, als ich mich darüber beschwerte, daß nur organisatorische und keine grundsätzlichen Fragen behandelt worden waren. Zeller antwortete am 22. 11. 1983: „Ich teile Ihre diesbezügliche Kritik und bin gleichermaßen der Ansicht, daß wir bei künftigen Parteitagen Ihre Anregung auf alle Fälle aufgreifen müssen. Weitere Parteitage müssen ausreichend Raum für die Grundsatzdiskussion haben. Ich bin Ihnen sehr dankbar für Ihre Kritik, weil wir alle dabei nur gewinnen können."

Die einzelnen Kreisverbände in Baden waren in einem Landesverband vereinigt. Seine Sitzungen, zu denen die Kreisvorsitzenden gehörten, fanden meist in Karlsruhe, gelegentlich aber auch in Freiburg, Mannheim oder Pforzheim statt und wurden von dem geschäftsführenden Vorsitzenden Dr. Michael Feist ausgezeichnet vorbereitet. Auswärtige Referenten hielten wegweisende Vorträge, die zu lebhaften Diskussionen führten und Anregungen für die Arbeit vor Ort boten. Unsere Mitglieder fuhren auch gern zu den Bundesversammlungen u.a. in Siegen, Kassel, Wuppertal und Mainz, genossen überregionale Begegnungen und Freundschaften. In wenigen Jahren war unser EAK Waldshut eine lebendige und lebensfrohe Gruppe der CDU geworden. Um die Bemühungen ökumenischer Zusammenarbeit zu fördern, wurde angeregt, einmal einen katholischen Theologen zu einem Referat über Martin Luther einzuladen.

Die katholische Kirche habe ich immer als Schwesterkirche, nie als Konkurrentin oder gar Gegnerin betrachtet und daher, wo immer ich in Paderborn, Dublin, oder Florenz im Dienst war, sozusagen in geschwisterlicher Verbundenheit mit der katholischen Geistlichkeit gelebt. Ich spürte, wie sich das katholische Lutherbild von Jahr zu Jahr wandelte, bis es dann im Lutherjahr 1983 durch eine großartige Monographie von Prof. Peter Manns aus Mainz, erschienen im Herderverlag, zu einem echten Gemälde wurde, das Martin Luther als Vater im Glauben für alle Christen erscheinen ließ.

Hier nur die letzten Sätze des Buches: „Wie dumm war doch die Redensart, mit der wir Jahrhunderte hindurch den Nagel auf den Kopf zu treffen glaubten, indem wir einander nachsagten: Evangelisch ist gut leben, katholisch gut sterben. Wer sich an Luther hält, der lebt gut und stirbt noch besser, weil am Ende des dunklen Tunnels jemand steht, der uns lieb hat und auf den wir uns freuen dürfen. Das ist das ökumenische Vermächtnis Luthers, für das wir ihm schlicht danken sollten."

Dr. Eduard Lohse, Landesbischof von Hannover und Ratsvorsitzende der EKD, auch er fasziniert von der katholisch-lutherischen Schau des Reformators, hat in dankerfülltem Miteinander ein bewegendes Vorwort geschrieben. Peter Manns hat zu bleibendem Dank für Martin Luther aufgerufen Wir sollten auch nicht vergessen, ihm selbst und Eduard Lohse für ihr schönes Buch unsern Dank zu bezeugen.

Ich wüßte nicht, daß mich seit Karl Barths „Der Römerbrief" und Werner Elerts „Morphologie des Luthertums" ein theologisches Werk so interessiert und immer wieder von neuem gefesselt hätte, wie Peter Manns „Martin Luther". Ich war so beeindruckt von dem Buch, daß ich an den Autor schrieb und ihn um einen Vortrag für unseren an seinem Thema ja brennend interessierten Arbeitskreis bat. Hier aus seiner Antwort: „Bitte verstehen Sie meine Absage nicht grundsätzlich; unter entspannteren terminlichen Bedingungen bin ich gern bereit, ihrer Einladung zu folgen, in diesem Jahr jedoch geht es beim besten Willen nicht. Bereits zum jetzigen Zeitpunkt verzeichnet mein Kalender über 80 Vortragstermine. Im nächsten Jahr wäre ich gern bereit, einmal zu Ihnen zu kommen. Es wäre doch schön, wenn die Euphorie des Lutherjubiläums auch über das Jahr 1983 hinaus zu intensiverer Beschäftigung mit Luthers Werk führen würde. Das könnte der Intensität unseres Christseins in diesem *valle lacrimarum* nur gut tun. Mit der Bitte um Ihr Verständnis bin ich Ihr im Glauben an den einen Herrn verbundener P. Manns."

Beflügelt von großen Hoffnungen eilten jetzt meine Gedanken häufig nach Mainz und wanderten dann, schon einmal unterwegs, weiter rheinabwärts nach Bonn, wo Verwandte und Freunde immer wieder eingeladen hatten. Allein vier meiner Geschwister lebten im Bonner Raum, und im Zentrum der Bundeshauptstadt waren die Universität und meine Turnerschaft mit der jungen Aktivitas in der Argelanderstraße nicht zu verachtende Anziehungspunkte.

Wir aber dachten im Augenblick nicht an längere Reisen, geschweige denn an einen Ortswechsel. Zu tief fühlten wir uns in der Scheffelstadt verwurzelt und verpflichtet. Meine Frau leitete die örtliche Frauengruppe der CDU und versuchte, für überregionale Probleme durch Vorträge zu interessieren. Sie betreute außerdem eine Reihe von sehr anhänglichen Ausländerkindern bei ihren Schulaufgaben. Ich hatte meinen evangelischen Arbeitskreis und in der Stadt und weiteren Umgebung manche Freunde und Bekannte, mit denen wir erwartungsvoll auf die Terminzusage von Professor Manns hofften.

Der Michaelistag war für mich immer mit schönen und unvergessenen Erinnerungen verbunden, der von 1983 aber läutete den Anfang vom Ende der für uns so bedeutsamen Jahre in Säckingen ohne jede Vorankündigung mit einem harten Schlag ein. Er begann mit einem herrlichen silbrigen Septembermorgen, wie man ihn sich zwischen Rhein und Vogesen nicht schöner ausmalen kann. Wir hatten einen Ausflug in das elsässische Thann geplant, dessen umgebende Landschaft mit dem Hartmannsweiler Kopf für die

Unfallfolgen

Geschichte der deutsch-französischen Beziehungen so tragische Bedeutung hat.

Diese kleine Stadt in den Hochvogesen interessierte uns aber vor allem wegen ihrer großen gotischen Kirche, die mit dem Straßburger Münster verglichen wird, die aber auch durch eine St. Ubaldusreliquie alte italienische Beziehungen zu dem umbrischen Gubbio aufweist, das wir, als zu meinem florentiner Bezirk gehörig, verschiedentlich besucht hatten. Zwei Legenden versuchen, die Verbindungen zwischen Gubbio und Thann zu erklären, entscheidender ist aber wohl, daß Baldassino, ein Neffe des Bischofs Ubaldo, eine Tochter des gräflichen Hauses in Pfirt geheiratet hatte. Zur Grafschaft Pfirt gehörte unter anderen Ämtern auch das Amt Thann.

Wenn irgend möglich, planten wir, auch einen Abstecher nach Ronchamp anzuschließen. Dort hatte die vielgeschmähte und auch gelobte Wallfahrtskirche des genialen Le Corbusier bei uns solch großes Interesse geweckt, daß wir uns selbst ein Urteil bilden wollten.

Wir hatten den kürzesten Weg über die Autobahn in der Schweiz gewählt. In der Höhe von Rheinfelden wurden wir in einen bösen Unfall verwickelt. Die Fahrertür unseres Audi wurde von einem regelwidrig einbiegenden Großlaster gerammt, eingedrückt und der Wagen auf die Überholspur geworfen. Fahrer aus

Gespräch mit CDU-Abgeordneten bei der Austellung des EAK im Kreis Waldshut

Der Weg über die alte Holzbrücke in Bad Säckingen

der Schweiz, die hinter uns auf der Bahn waren, versicherten später, es sei ihnen wie ein Wunder erschienen. daß wir in dem schwer beschädigten Wagen unverletzt geblieben seien. Sie wären nicht bereit gewesen, auch nur mit mit einem einzigen Räppli für unser Leben zu garantieren. Wir aber ahnten, daß viele Engel für uns unterwegs gewesen sein mußten.

Mit Schrecken und Schrammen waren wir davongekommen, unsere Nerven jedoch hatten den Unfall nicht ohne Schock überstanden und eine befreundete Ärztin riet uns, sie durch einen zweiwöchentlichen Situations- und Ortswechsel zu normalisieren. Wenn ich mich heute frage, warum die Wahl unseres Erholungsortes so eindeutig auf Baden-Baden fiel und nicht auf viel näher liegende bekannte Bäder, wie etwa Badenweiler, wo ich vor Jahren erfolgreich gekurt hatte, scheint mir das auf den im innersten Herzen des Menschen wohnenden Drang nach Freiheit zurückzuführen zu sein. Wir wollten einen möglichst hohen Grad von Freiheit, auch einer Freiheit von allen Verordnungen und Zwängen, die eine Kur mit sich bringt und glaubten, uns so am besten und schnellsten rehabilitieren zu können. Meine Frau und ich hatten schon einmal vor Jahren herrliche, völlig unbeschwerte Tage in Baden-Baden erlebt. Dieses Mal erging es uns ähnlich wie Hermann Hesse es beschreibt „Kaum war mein Zug in Baden angekommen, kaum war ich mit einiger Beschwerde die Wagentreppe hinabgestiegen, da machte sich schon der Zauber Badens bemerkbar.‟

Für uns lag freilich der Zauber Baden-Badens nicht wie für Hermann Hesse bei den rheumatischen Leidensgenossen, sondern in dem Verhalten der einheimischen Bevölkerung, besonders auch junger und jüngerer Leute. An allen Stellen begegnete man uns mit uns auffallender Bereitschaft zum Helfen: angefangen bei dem entgegenkommenden Bahnhofspersonal, dem uns ausführlich orientierenden Taxifahrer, der uns mit Rat und Tat umsorgenden Hausdame des Hotels, dem Pfarrer und Superintendenten, der uns in seiner Gemeinde herzlich willkommen hieß, bis hin zu einer Wohnungsvermittlerin, die uns, obwohl nur theoretisch interessiert, mit schönen Möglichkeiten badischen Wohnens vertraut machte.

Die anmutige Landschaft, die Baden-Baden umgab, hatte es uns nicht weniger angetan. Die schöne alte Stadt lag in einem lieblichen Tal, das von der Oos durchflossen wurde. Gern ließen wir uns von dem zauberhaften Charme dieser, vollendete Harmonie ausstrahlenden Umgebung einfangen. Wirksamste Medikamente für unsere erholungsbedürftigen Nerven schienen uns die Wanderungen auf der Lichtentaler Allee mit ihrem herrlichen Blumenschmuck und den uralten Bäumen zu sein. Es ging uns nicht anders wie einst Hermann Hesse, dem ich auch hier noch einmal das Wort geben möchte. „Ich sah im Nachtwind am Ufer des heftig rauschenden Flusses ein paar außerordentlich schöne alte Bäume. Sie würden auch morgen noch schön sein, aber in diesem Augenblick hatten sie die magische, nicht wiederkehrende Schönheit, die aus unserer eigenen Seele kommt und die, nach den Griechen, nur dann in uns aufleuchtet, wenn Eros uns angeblickt hat."

Erholt und vergnügt kehrten wir nach Säckingen zurück, fanden uns aber vor einigen unangenehmen Veränderungen. Da traf es sich gut, daß uns fast gleichzeitig ein Anruf aus Baden-Baden erreichte, in dem die freundliche Maklerin uns die Wohnung in der Frankenstraße, die uns bei der Besichtigung so gut gefallen hatte, anbot, sie aber nur freihalten könne, wenn wir uns sofort entscheiden würden. Kurz entschlossen kündigten wir, eilten am nächsten Morgen nach Baden-Baden, mieteten die Wohnung und waren im Januar 1984 Neubürger der alten Kurstadt.

Bei der letzten Sitzung des Landesvorstandes hatte man mich gefragt, ob ich an meinem neuen Wohnsitz einen EAK aufbauen wolle. Ich war gar nicht abgeneigt und setzte mich mit der örtlichen Partei in Verbindung, fand aber keine Gegenliebe. Als sie mir nach vielen Monaten doch noch ein Angebot machte, hatte ich mir längst andere Aufgaben gestellt.

Dem EAK Waldshut hatte ich versprochen, auch nach meinem Umzug die Verhandlungen mit Professor Manns wieiterzuführen, und endlich war es ihm möglich, uns ein festes Datum für seinen Vortrag zu nennen. Er wollte am 24. Juni 1984 zu uns kommen und über das Thema: „Martin Luther Vater im Glauben. Ergebnisse des Lutherjahres" sprechen. Mit ihm erlebten wir am 24. Juni in Bad Säckingen über dieses Thema im vollbesetzten Saal des Hotels „Goldener Knopf" ein brillantes Feuerwerk von wissenschaftlicher Akribie und warmherziger Sympathie für den Reformator und damit einen ungewöhnlichen Höhepunkt im ökumenischen Leben des Hochrheins.

Der Ausflug nach Säckingen ging für uns viel zu schnell zu Ende. In unsere Begeisterung für Baden-Baden hatte sich ganz unversehens ein wenig Heimweh nach der Säckinger Luft und Atmosphäre eingeschlichen. Meiner Frau und mir fehlten die häufigen Begegnungen mit befreundeten Familien, obwohl wir einige jetzt wiedergesehen hatten und in Kürze zum Stiftungsfest der Walfischia, zu deren auswärtigen Schleifenwal ich ernannt worden war, zurückkehren wollten. Ich vermißte auch den täglichen Gang über die alte Holzbrücke in die benachbarte Schweiz mit der Lektüre der „Neuen Züricher Zeitung" und den Gesprächen mit dem Wirt des kleinen Cafés „Treffpunkt" Über Gott und die Welt, auch für meine historischen Untersuchungen interessierte er sich.

Bei der neuerlichen Beschäftigung mit westfälischer Geschichte stieß ich auf einen Mann, der bereits in der Schulzeit ein gewisses Interesse in mir geweckt hatte. Bei einem Gemeindebesuch auf Elba wurde mir dann erzählt, er sei König auf Korsika gewesen. Theodor von Neuhoff stammte aus dem Heimatkreis meiner Mutter und nichts lag näher, als dort mit meinen Recherchen zu beginnen.

„König von Korsika"

In Altena verschaffte mir die freundliche Bibliothekarin Karin Müller Zugang zu dem ausgiebigen Buch- und Zeitschriftenmaterial in der landeskundlichen Bibliothek. Kulturreferent Heinz Störing half mir mit orientierenden Informationen über die lokale Geschichte der Neuhoffs auf dem Stammsitz ihres Schlosses bei Lüdenscheid und den Zweig des Geschlechtes auf Haus Pungelscheid, auf dem Theodor geboren wurde. Später versorgte mich die Fernleihe der Stadtbibliothek Baden-Baden mit den erbetenen Ausgaben auch aus ausländischen Bibliotheken. Ich wurde fast versorgt wie in einem historischen Seminar.

Dieser Mann, dessen abenteuerliches Leben zu skizzieren ich mir vor genommen hatte, schrieb am 12. März 1736 an seinen Vetter Freiherrn von Droste zu Stapel und unterzeichnete den Brief: „Freiherr von Neuhoff, erwählter König von Korsika unter dem Namen Theodor I."

Theodor unterzeichnete nicht nur, er war wirklich auf demokratische Weise von einer rechtmäßig einberufenen Versammlung einstimmig zum König von Korsika gewählt worden. Im Franziskanerkloster zu Alesani waren die Vorbereitungen für die Generalversammlung getroffen. Jede Stadt und jeder größere Bezirk war mit zwei Vertretern anwesend, dazu kamen Abgesandte der Klöster und der Geistlichkeit. Rechtsanwalt Sebastian Costa, der nicht nur in Italien sondern auch in Frankreich studiert hatte und ein ausgezeichneter Kenner internationalen Rechts war, hatte schon bei den ersten Zusammenkünften mit seinem juristischen Rat geholfen. Der erfahrene Staatsrechtler hatte die Verfassung sorgfältig vorbereitet und präzise formuliert. Sie war noch in Tunis gedruckt worden. In Alesani trug er die Verantwortung für die Geschäftsordnung und das . Protokoll der Vollversammlung. Nach feierlicher Eröffnung las er die achtzehn Artikel der Verfassung vor und ließ über jeden einzelnen gesondert abstimmen.

Nach der Zustimmung für die Verfassung stellten Luigi Giafferi und Hyacinth Paoli gemeinsam den Antrag, Baron Theodor von Neuhoff zum König zu wählen. In der großen Versammlung herrschte lautlose Stille. Man konnte die sprichwörtliche Nadel fallen hören. Es war ungewiß, wie Graf Arrighi, der Herr von Corte, sich bei der Abstimmung verhalten würde. Er hatte sich für eine Verschiebung der Wahl bis nach der Eroberung von Bastia eingesetzt. Costa zählte die Stimmen. Es gab keine Gegenstimme und keine Enthaltung.

Nach der Bekanntgabe brach im Versammlungsraum unbeschreiblicher Jubel aus, der sich draußen in der Volksmenge von Gruppe zu Gruppe sich steigernd fortsetzte. Weit mehr als 20000 Korsen huldigten ihrem neuen König. Gestandene Männer weinten, Unbekannte umarmten sich, nie hatte es auf der Insel ein solches Ereignis gegeben.

Kaum glaubhaft, daß dieser stolze König verlassen und vergessen in einem Londoner Armenviertel zugrunde gegangen sein sollte. Die erbitterte Feindschaft Frankreichs und Genuas hatten Theodor trotz tapferer Gegenwehr auf Korsika scheitern lassen. Der Friedensvertrag von Aachen 1748 bestimmte für Korsika in Artikel 14: „Die Rechte der Republik Genua auf Grund und Boden wie an Rechten und Einkünften werden wiederhergestellt." Frankreich, Spanien und Genua einerseits und Österreich, Großbritannien und Holland andererseits waren die Unterzeichner des Vertrages. König Georg II. von Großbritannien ließ dem machtlosen Theodor einen Schutzbrief ausstellen, der ihm Freiheit und persönliche Sicherheit in England garantierte.

Theodors Freunde, Sir Horace Walpole und der holländische Gesandte von Hop, ermöglichten ihm den Zugang in die Londoner Gesellschaft und auch in diplomatische Kreise. Seine Feinde fürchteten eine Rückkehr nach Korsika und bereiteten ihm Schwierigkeiten über Schwierigkeiten und brachten ihn schließlich mit einem üblen Trick in Schuldhaft, die das Ende aller Hoffnungen bedeutete.

Wenige Monate vor Beginn meiner Recherchen war unser Sohn Klaus Dieter nach London versetzt worden, hatte in Wimbledon eine schöne Wohnung gefunden und uns dringend eingeladen. Seiner jungen Frau Milena und ihm seien wir zu jeder Zeit herzlich willkommen. Dadurch wurde uns unerwartet die Möglichkeit geboten, Theodor auf seinen verschlungenen Wegen in London nachzuspüren.

London war mir nicht unbekannt. Ich hatte unsere kleine Kirche in Belfast auf den Synoden der evangelisch-lutherischen Kirche im Vereinigten Königreich vertreten, auch an einigen kirchlichen und politischen Empfängen teilgenommen. Die schönste Verbindung mit London aber lag im persönlichen Bereich. Dort hatten wir im Mai 1955 in der Hamburger Kirche geheiratet. Wir wanderten nun nicht nur in Gedanken noch einmal die Wege zum Standesamt in Kensington und dem Registrar mit seiner unvergessenen Bemerkung: „First you have to kiss your bride and then you have to pay." Wichtiger aber war uns der Weg zur Hamburger Kirche, wo mein Freund Gottfried Klapper, später Oberkirchenrat in Hannover, unseren Bund gesegnet hatte. Die Freundschaft mit ihm und seiner liebenswürdigen Gattin, die uns eine freundliche Gastgeberin war, dauert trotz aller räumlichen Trennungen bis in die Gegenwart. In Siegfried Boneberger, der dreißig Jahre später die Pfarre der Hamburger Kirche innehatte, fanden wir einen Pfarrer, mit dem wir von Irland her in freundschaftlichen Beziehungen standen. In Dublin entschloß er sich für die Theologie und ist heute Pfarrer in Kaufbeuren und unsere Freundschaft erlebt in jedem Jahr in Wörishofen fröhliche Urständ.

Bei unseren Forschungen in London hat er uns auf vielfache Weise geholfen, denn wir waren ja nicht gekommen, um in schönen Erinnerungen zu schwelgen. Wir waren nicht nur unsere alten Wege noch einmal abgeschritten, sondern auch die von Theodor, soweit sie uns bekannt waren: Zuerst die Mount Street im Westminsterbezirk mit seiner herrschaftlichen Wohnung, dann die King's Bench Street mit der langen trostlosen Mauer, die zum Gefängnis führte und dann Chapel Street in Soho, wo Theodor starb. Schmale, hohe, verwahrloste und verschmutzte Häuser, verlassen, fast leer die Straßen an diesem Vormittag. Es ist unklar, ob diese Straße auch schon damals einen etwas zweifelhaften Charakter hatte, oder ob dort nur Armut herrschte. Aber die alten Wege führten nicht wesentlich weiter. Meine Frau machte sich auf in das Britische Museum und die National Gallery, ich klopfte an die Türen der Pfarrer von der Church of England, um Einsicht in die Kirchenbücher zu erbitten.

Meine Frau, um mit ihr zu beginnen, hatte einen schnellen Erfolg. Am einfachsten gebe ich ihren Bericht: „Hochinteressant war der Besuch im Britischen Museum. Dort wollte ich die von Theodor geprägten Silbermünzen sehen. Freundlich wurde ich zum Münzkabinett gewiesen, das durch eine Stahltür fest verschlossen war. Als ich meinen Wunsch vortrug, erlangte ich Zutritt, die Tür schloß sich wieder hinter mir. Das Vorhaben, ein Buch über Theodor von Neuhoff, König von Korsika zu schreiben, war Berechtigung genug. Nach kurzer Wartezeit hielt ich die zwei seltenen Münzen in Händen und durfte sie ausführlich betasten und beschauen, völlig ohne Zeitdruck - und scheinbar unbeobachtet.

Voller Hochgefühl eilte ich die Treppen hinab zum Ausgang des Museums, als plötzlich, ohne jedes Geräusch, sich die Türen aller Säle schlossen. ebenso die große Ausgangspforte. Eine aufgeregte, gefangene Menschenmenge! Es war Alarm ausgelöst, aber niemand von uns wußte, war es versuchter Diebstahl, Bombenalarm wegen der IRA oder nur ein harmloser Fehlalarm. Da ziehen sich die Minuten zäh! Das Aufatmen nach etwa zwanzig Minuten war mit Händen zu greifen, als sich plötzlich die Tore öffneten. So erleichtert bin ich selten an die frische Luft geeilt.

Zum Glück blieb der Besuch in der National Gallery, um dort Portraits für das Buch zu finden und fotografieren zu lassen, als ein ganz normaler in der Erinnerung. Aber bis heute beeindruckt mich die Freundlichkeit und Höflichkeit. mit der man mich und mein Anliegen behandelte."

Während meine Frau im Britischen Museum schaffte, konnte ich in Soho fündig werden. In der Verwaltung der St. Anne's Church, im Krieg durch deutsche Bomber fast völlig zerstört, befand sich unter andern Kirchenbüchern noch das Sterberegister von 1744-1759. Dort fand ich auf Seite 169 unter „Burials 1756, December 1756" folgende Eintragung: „December 15, Baron de Neuhoff, Chapel Street."

Einen eigenen Grabstein hat Theodor nie besessen. Er wurde in der Armenecke des Friedhofs St. Anne's beerdigt. Zwölf Jahre später ließ sein alter Freund Sir Horace Walpole an der Kirchenmauer eine Gedächtnistafel errichten, die, wenn auch stark verwittert, von uns noch zu entziffern war.

Near this Place is interred
Theodor, King of Corsica
who died in this parish December 11th. 1756
immediately after leaving the King's Bench prison
by the benefit of the Act of Insolvency;
in consequence of which he registered

His Kingdom of Corsica
for the use of his creditors
The grave, grave teacher to a level brings
Heroes and beggars, galley slaves and kings.
But Theodore his moral learned ere dead;
Fate poured its lesson on his living head,
Bestowed a kingdom and denied him bread.
(Hier in der Nähe ist beerdigt Theodor, König von Korsika,
der in dieser Parochie am 11. Dezember 1756 starb,
gleich nachdem er das Kings Benchgefängnis
dank der Insolvenzakte verlassen hatte,
infolgedessen überschrieb er sein Königreich Korsika
zu Nutzen seiner Gläubiger.
König und Bettler, jeden arm und reich,
belehrt das Grab und macht sie alle gleich.
Doch Theodor erfuhr schon vor dem Tod
am eignen Haupt der bittren Lehre Not:
Er wurde König und erhielt kein Brot.
Übersetzung von Engelhardt:)

Theodor selbst hätte seine Lebensgeschichte wohl kaum tref-
fender zusammenfassen können, als wie es Voltaire in seinem
Roman „Candide" ihm in einem fingierten Gespräch mit anderen
unglücklichen Könige in den Mund gelegt hat: „Meine Herren,
ich bin zwar kein so großer Herr wie Sie, aber schließlich bin ich
ebenso gut wie andere König gewesen. Ich heiße Theodor und
wurde zum König von Korsika gewählt. Einst redete man mich
'Eure Majestät' an, jetzt sagt kaum noch jemand 'Herr' zu mir.
Früher habe ich Geld prägen lassen, jetzt besitze ich keinen Hel-
ler mehr. Ich hatte zwei Staatssekretäre, heute habe ich kaum
noch einen Diener. Einst saß ich auf einem Thron, doch dann
habe ich lange Zeit im Londoner Gefängnis auf Stroh gelegen."
Spötter haben sich nach Theodors Tod in fast allen europäischen

Ländern durch Bühne und Buch über den kleinen König lustig gemacht. Andere haben etwas geahnt von einer menschlichen Tragik, wie sie uns in den griechischen Tragödien begegnet.

Das Faktum, daß ein Westfale König von Korsika wurde, hat mich angelockt. Alle Phasen dieses außergewöhnlichen Lebens bis zu seinem bitteren Ende haben in mir teilnehmendes Interesse geweckt. Bei meinen Untersuchungen hat mich Herr Kreiskulturamtsleiter Heinz Störing mit großer Geduld unterstützt, vor allem, was den Bildschmuck angeht, bin ich ihm zu bleibendem Dank verpflichtet. Durch seine Vermittlung hatte sich auch der Heimatbund „Märkischer Kreis" für meine Arbeit interessiert und war bereit, sie in die Reihe seiner Veröffentlichungen aufzunehmen. Sie konnte 1990 als Bd. 10 der Veröffentlichungen des Heimatbundes Märkischer Kreis unter dem Titel: *Theodor von Neuhoff, König von Korsika. Ein genialer Taktiker ohne Fortune* erscheinen.

Das Echo auf mein Buch war überraschend positiv. Besonders dankbar war ich für die gute Aufnahme im Heimatkreis Theodors, aus dem mir der Kreisheimatpfleger Ernst Dossmann zum 85. Geburtstag schrieb: „Wir Märker denken gern und dankbaren Herzens an Sie, besonders, wenn wir Ihr schönes Buch über Theodor von Neuhoff, den König von Korsika, zur Hand nehmen. Sie haben darin die Lebensgeschichte dieses „genialen Taktikers ohne Fortune" sachkundig beschrieben und aufgrund Ihrer umfangreichen Kenntnisse und Forschungen das legendenumwobene Bild dieses Adelssprosses aus dem Sauerland ins rechte Licht rücken können. Dabei ist es Ihnen gelungen, ein Bild jener Zeit zu zeichnen. in der berühmte Persönlickeiten, wie Liselotte von der Pfalz und der schwedische König Karl der Zwölfte gelebt haben."

Ein westfälischer Professor wies ganz neue Wege und regte eine Studienreise mit seinen Studenten auf den Spuren Theodors an. Auch aus dem Ausland kamen anerkennende Zuschriften.

Guy Andreani, ein hier lebender Korse war von meiner Arbeit begeistert und nannte sie gründlich und objektiv. Ein Musiker aus Korsika, Jean-Paul Poletti, der in Baden-Baden in einer europäischen Sendung korsische Lieder gesungen hatte, besuchte uns unerwartet und erzählte enthusiastisch von Theodor, über den auch er eine eigene Oper verfaßt habe. Aus Göteborg schrieb Schuldirektor Börje Nygren, daß mein Buch vor allem durch die Darstellung der Beziehungen Theodors zu dem Schwedenkönig Karl XII. eine ausgezeichnete Ergänzung zu seinem Geschichtsunterricht bilde.

Nach dem Abschluß meines Buches hatte ich geglaubt. mich in meinem Ruhestand wieder mehr der „praktischen Theologie" widmen zu können und auch etwas Zeit für meine philatelistischen Neigungen zu gewinnen. Aber weit gefehlt! Zuerst war es mein Patenkind Barbara Klose in München, die mich immer wieder aufforderte, meine Lebenserinnerungen zu schreiben. Freunde und Freundinnen schlugen in die gleiche Kerbe, und meine Frau half ihnen mit einem großzügigen Angebot, die Schreibmaschine stünde bereit, das Diktat könne beginnen.

Sonnige Spätlese

Ich versuchte abzuwiegeln: Bis 1945 sei ich allein auf mein Gedächtnis angewiesen. Sämtliche Unterlagen, persönliche Notizen, Briefe und Photos seien im Feuersturm über Paderborn vernichtet. Außerdem glaubte ich nicht, daß sich ein Verlag bereit finden würde, die Erinnerungen eines einfachen Pastors zu veröffentlichen. Schließlich gab ich den sich wiederholenden Bitten nach und befand mich, ohne es eigentlich beabsichtigt zu haben, in den Vorbereitungen für meine Memoiren.

Zu Beginn meiner Vorarbeiten stellte sich mir die Frage nach Ziel und Methode. Ein ehrliches Buch wollte ich schreiben, aber es sollte auch fesseln und nicht aus Langeweile beiseite gelegt werden. Wenn meine Erlebnisse mit Spannung lesbar bleiben sollten, schien es mir ratsam, sie in mehr oder weniger chronologischer Reihenfolge zügig zu erzählen. Oder war es nicht doch besser, meine Erfahrungen unter übergeordneten Gesichtspunkten thematisch zusammengefaßt zu Papier zu bringen? Nach einigen Hin und Her gab es für mich kein radikales Entweder-Oder.

Die ersten Kapitel waren schon geschrieben, und ich hatte noch immer keinen Verleger. Auch nach Fertigstellung des Buches war ich in dieser Frage nicht einen Schritt weitergekommen.

Mit Sicherheit hätte ich lange warten müssen, wenn der mir von meinen Paderborner Jahren her bekannte Bonifatius-Verlag sich nach Prüfung meines Exposés nicht bereit erklärt hätte, das vorläufige Manuskript anzunehmen, das ich dann für die endgültige Entscheidung eiligst von Baden-Baden nach Paderborn auf den Weg brachte. Die Aufnahme machte deutlich, daß sich auch in den konfessionellen Beziehungen in den letzten Jahren viel geändert hat.

Ohne unser Zutun waren wir durch unseren Umzug in das Land Baden Glieder der unierten protestantischen Kirche geworden, die sich von meiner westfälischen Heimatkirche dadurch unterscheidet, daß sie keine gegliederte Bekenntnisbindung kennt.

Bei dem Wunsch nach Verwirklichung kirchlicher Einheit stellt sich früher oder später die Entscheidung fordernde Alternative: Will man eine Einheit in der Vielfalt, in der jeder Partner seinen Grundcharakter bewahren darf, oder soll eine völlige Verschmelzung angestrebt werden? Im politischen Feld gibt es heute dazu eine interessante Parallele bei dem Problem der europäischen Neugliederung. Soll es dabei zu einer alle Bereiche umfassenden totalen Vereinigung oder zu einer aufgegliederten Einheit, zu einem Staatenbündnis oder einem Bundesstaat kommen?

Das ökumenische Anliegen hat auch noch im Ruhestand für mich zentrale Bedeutung gehabt. Ich wollte keine konfessionelle Askese, sondern das, was ich war, verantwortlich leben und vertreten, aber in der Begegnung und dem Gespräch mit den anderen Kirchen auch zu Ergänzungen bereit sein, wenn es sich aus der gemeinsamen Besinnung auf das Evangelium als geboten erweisen sollte.

Von den engen Beziehungen zu der anglikanschen Church of Ireland und ihrem liebenswerten Erzbischof Dr. George O. Simms einmal abgesehen, haben sich mir eigentlich nur besondere ökumenische Möglichkeiten mit der römisch-katholischen Kirche eröffnet, begünstigt durch die räumliche Nähe wie etwa in

Paderborn und Florenz, gewiß aber auch durch die sich mehrende Erkenntnis, daß unsre Kirchen bis zu den Tagen der Reformation die gleiche Vergangenheit haben.

Im Mittelpunkt des kirchenhistorischen Interesses steht in diesem Jahr nicht nur in Deutschland Philipp Melanchthon, der Freund Luthers und Vater aller Formulierungen des Augsburger Bekenntnisses. Er wurde vor 500 Jahren am 16. Februar 1497 in Bretten geboren. Seine Bemühungen um eine Einigung mit der katholischen Seite scheiterten u.a. an der Frage des Heiligen Abendmahles. In dem gegenwärtigen Gespräch über diese für alle Kirchen so wichtige Frage machen sich hoffnungsvollere Ansätze bemerkbar. Hier aus Baden-Baden kann ich von zwei Pionieren ökumenischer Praxis berichten: Pfarrer Mohr von der Pauluskirche und sein katholischer Amtsbruder Stöveken von St. Eucharius in Balg hielten einen gemeinsamen sonntäglichen Hauptgottesdienst als Eucharistiefeier nach der Liturgie der Limavereinbarung der christlichen Kirchen.

Es ist wohl kein Wunder, daß in unserem „kleinen Haus", wo immer es stand, die Zahl der katholischen Freunde, die mich besuchen kamen, groß war. „Pflegen wir das commercium familiare". schrieb Weihbischof Augustinus Frey aus Köln.

Die Zahl der evangelischen Freunde war naturgemäß noch größer. Sie begann schon während des Studiums und im Domkandidatenstift zu Berlin, wuchs nur langsam in der Zeit der Unterdrückung durch durch die Deutschen Christen: *Amicus certus in re incerta cernitur! (Cicero)*

Nach Ende des Krieges konnte ich in der gewonnenen Freiheit, auch der gewonnenen Reisefreiheit, vor allem in Schweden geistliche Freunde gewinnen, u.a. in Alingsâs, Alvesta, Skövde, Stockholm, Strängnäs und durch Bischof Bo Giertz in Göteborg auf der Insel Ökerö. Sie machten mich mit den Besonderheiten des schwedischen Luthertums vertraut. Mit einzelnen Pfarrern, Pröpsten und Bischöfen ergaben sich freundschaftliche

Beziehungen auch über Schweden hinaus in Norwegen, Estland, Finnland und sogar in Polen.

In seiner Erklärung zur vierten Bitte des Vaterunsers hat Luther klar gemacht, daß gute Freunde eine Gabe Gottes sind wie das tägliche Brot, von dem wir ja wissen, daß es in sehr verschiedenen Arten angeboten wird: Pumpernickel und Weißbrot, das eine so wichtig und lieb wie das andere. Bei den Freundschaften kann das in ihren verschiedenartigen Prägungen auch nicht wesentlich anders sein. Trotz der Trennung und weiter Entfernungen war es Wunsch und Wille vieler Gemeindeglieder und Freunde, die alten Beziehungen nicht aufzugeben. Aus solchem Verlangen nach bleibendem Kontakt entwickelte sich zwischen Paderborn-Dublin-Florenz-Bad Säckingen und Baden-Baden ein unerwartet reger Besuchs- und Schriftverkehr, besonders auch mit den Brüdern und Nachfolgern im Amt. Dabei entstand so etwas wie eine *successio amicitiae*, die uns in den alten Gemeinden nicht fremd werden ließ. Besonders in Paderborn belebten Konfirmationserinnerungen und die Feiern der Goldenen Konfirmationen die alte Verbundenheit, die in einzelnen Fällen zu einer theologischen Freundschaft geführt hat.

Luther hat in seiner geradezu klassischen Beschreibung des täglichen Brotes getreue Nachbarn und gute Freunde in einem Atemzug genannt und damit in einen inneren Zusammenhang gebracht. Getreue Nachbarn können gute Freunde werden und gute Freunde können sich in einem Freundeskreis zusammentun. Es gehört zu den schönen Seiten meines Lebens, daß ich durch die Turnerschaft Germania in Bonn, die Gesellschaft Walfischia in Bad Säckingen und in Baden-Baden die Vereinigung alter Herren des Coburger Convents sowie die philatelistische Vereinigung zu Gemeinschaften gehöre, die sich der Pflege der Freundschaft verschrieben haben.

Drum Freunde! Reichet euch die Hand
damit es sich erneue,
der alten Freundschaft heilges Band,
das alte Band der Treue.
(E. Höfling)

Jedes Leben muß Abschied nehmen, Abschied auch von der eigenen Vergangenheit. Eine Rückschau verlangt eine Bewertung, fordert geradezu zu einer Beurteilung heraus. Haben die wesentlichen Entscheidungen von damals unter der Sicht von heute ihre Bedeutung behalten, würde ich sie heute oder morgen wiederholen, wenn die Möglichkeit dazu bestünde? Auf diese Frage kann ich nur mit einem uneingeschränkten Ja antworten, wenn ich von einigen Torheiten am Rande absehen darf. Sollte jemand, der die damaligen Verhältnisse kennt, nicht zustimmen können, möge mir ein kleiner Vers aus der beachtlichen Spruchsammlung Emanuel Geibels die Antwort abnehmen:

„Wenn der Wind darüber weht"

Nennt's nicht eitel Kraftverschwendung,
Wenn ich dies und das begann;
Manches wuchs nicht zur Vollendung,
Doch ich selber wuchs daran.

Ich bin nie über 174 cm hinausgewachsen.

Ehe sich in unserem kleinen Hause die Türen früher oder später schließen, soll ein herzliches Dankeswort ausgesprochen werden an alle, die aus- und eingingen: Verwandte und Helfer, Freunde und Freundinnen, Gäste aus mehreren Kontinenten, u.a. auch Josiah Kibira aus Tanganyika, später ein Präsident des Lutherischen Weltbundes. Wohl auf Grund unserer Eingliederung in diesen großen Zusammenschluß überwogen in Irland die amerikanischen Besucher. Wir konnten sie im übrigen aus fast allen europäischen Ländern, Island und Rußland eingeschlossen, willkommen heißen. Last not least gilt der Dank meiner Frau, die immer für ein ausgeglichenes gastliches Klima sorgte. Für meine

Aufgaben war sie mir in allem korrigierende Beraterin und helfende Hand.

Es gab auch „Freunde", die eigentlich gar nicht meine Freunde sein wollten oder konnten, weil sie sich mit mir in Auseinandersetzungen bei strittigen Fragen über den richtigen Weg im Raum der Kirche oder auf politischem Gebiet befanden. Ihnen gegenüber fühle ich bis zum heutigen Tage eine tiefe Dankesschuld, weil unsere Gespräche nie ausarteten und immer sachlich geführt werden konnten. Bisweilen vermochte ich sogar in der gegnerischen Position Splitter eigener Gedanken zu entdecken. Dazu muß ich freilich bekennen, daß sich das bessere Verstehen oder eine teilweise Übereinstimmung meistens nur dann ergab, wenn mir mein Gegenüber männlichen oder weiblichen Geschlechts auch menschlich sympathisch erschienen war.

Meinungsverschiedenheiten und Auseinandersetzungen wird es immer geben und geben müssen, aber wir Christen, ja wir Menschen überhaupt dürfen dabei nie vergessen, daß wir, wie immer wir zueinander stehen mögen, glauben können, daß der Vater im Himmel auf unseren oft sehr winkligen und krumm laufenden Zeilen gerade Sätze zu schreiben vermag.

Wenn meine Frau und ich in unserem Leben seine Handschrift entdeckt zu haben glaubten, haben wir uns oft erst ein zaghaftes, dann immer mehr verstehendes „Praised be the Lord" zugesprochen und oft auch zugejubelt, wie wir es zuerst in Irland gehört und gelernt hatten. In diesem Zusammenhang darf ich vielleicht alle Freunde, auch die neuen Leserfreunde bitten, bei der Rückschau mit uns einzustimmen in ein dankbares auch für die Außenwelt vernehmbares: „Praised be the Lord!"

Nach 40 Jahren ein Brief voller Überraschungen vom 17. Februar 1997, angefügt mit freundlicher Genehmigung des Absenders.

„Sicherlich werden Sie sich meines Namens kaum noch erinnern. Im Jahre 1956 (und auch in den Sommerferien 1957 und 1958) besuchte ich die Gottesdienste in St. Finian's Church in Dublin, war auch dabei, wie wir im engen Volkswagen nach Ulster fuhren, eine Filialkirche in Belfast 'gründeten', abends dazu mit der Laute Volkslieder sangen. Damals arbeitete ich als Buchdrucker in Dublin.

Als Nachwort ein Brief

Auf meinem Gebetsstuhl liegt ein recht abgegriffenes Gebetsbuch, das Sie mir 1958 beim dritten Aufenthalt in Dublin schenkten mit einer für mich wichtigen Widmung. Dieses Gebetbuch hat mir schon oft geholfen, wenn ich selbst wortlos geworden war oder eine Leere verspürte. Es begleitete mich zur theologischen Fakultät in Paris, ins Vikariat in einer Pariser Vorstadt, aufs Missionsfeld mit der Basler Mission nach Kamerun und seit 1977 hier in die Schweiz.

Ich fand in der Januarnummer der Lutherischen Monatshefte eine Buchkritik über Ihr Buch *Violette Erinnerungsfäden aus 50 Jahren*. So telefonierte ich heute mit dem Bonifatiusverlag in Paderborn, um Ihre Adresse zu erhalten.

In meinem 'Album' aus der Dubliner Zeit fand ich Ihre Wünsche für meinen weiteren Weg. Dabei durfte ich ganz stark Ihren Wunsch erfahren, daß SEIN Wort und Sakrament überall auf mich warteten. Für die schöne Zeit in Dublin möchte ich Ihnen noch einmal herzlich danken."

Lebenserinnerungen von
Bischof Friedrich M. Rintelen

Friedrich M. Rintelen

Erinnerungen
ohne Tagebuch

211 Seiten.
ISBN 3-87088-786-9

Friedrich Maria Rintelen (1899-1988) berichtet aus seiner Vikarszeit und der anschließenden Tätigkeit als Pfarrer der Markt- und Universitätskirche in Paderborn ab 1939. Er schreibt über sein Wirken als Generalvikar in der Zeit des Nationalsozialismus. Breiten Raum nimmt die Schilderung seiner bischöflichen Tätigkeit als „Erzbischöflicher Kommissar" in Magdeburg von 1953-1970 ein.

Sein lebendig und humorvoll geschriebenes Buch ruft viele schöne, aber auch schwere und oftmals grausame Zeiten ins Gedächtnis zurück.

Im Buchhandel erhältlich !

BONIFATIUS
Druck · Buch · Verlag

Erinnerungen aus ereignisreichen Jahren im Dienst der evangelischen Kirche:

Hans-Dietrich Mittorp

Violette Erinnerungsfäden aus 50 Jahren

120 Seiten. 14 s/w-Abbildungen.
ISBN 3-87088-895-4

Hans-Dietrich Mittorp, geboren 1909 in Gelsenkirchen, schloß sich schon 1934 der „Bekennenden Kirche" an, die in heftigen Auseinandersetzungen mit den von der NSDAP unterstützten „Deutschen Christen" stand. Von 1937-1954 erlebte er als Pfarrer von Abdinghof in Paderborn die bittersten Jahre in der Geschichte der Bischofsstadt: den Terror der Nazis, die völlige Zerstörung der Stadt wie auch der Abdinghofkirche und die Jahre des mühsamen Wiederaufbaus. Sein segensreiches Wirken bei der Wiederbelebung des gottesdienstlichen Lebens sowie der diakonischen Dienste war dabei stets von ökumenischem Geist bestimmt.

1955 übernahm Mittorp im Auftrag des Lutherischen Weltbundes die Aufgabe, die in Irland verstreut lebenden Lutheraner aufzuspüren, seelsorglich zu betreuen und zu einer Kirchengemeinschaft zusammenzuführen, was ihm in zwölf erlebnisreichen Jahren gelang.

Im Buchhandel erhältlich !

Druck · Buch · Verlag